LE LIVRE
DES SOUPES
ET DES POTAGES

CONTENANT PLUS DE

QUATRE CENTS RECETTES DE POTAGES FRANÇAIS ET ÉTRANGERS

PAR

JULES GOUFFÉ

Ancien officier de bouche du Jockey-Club de Paris
Auteur du *Livre de Cuisine*

PARIS
LIBRAIRIE HACHETTE ET Cie
79, BOULEVARD SAINT-GERMAIN, 79

1875

LE LIVRE
DES SOUPES
ET DES POTAGES

PARIS. — IMPRIMERIE DE E. MARTINET, RUE MIGNON, 2.

LE LIVRE
DES SOUPES
ET DES POTAGES

CONTENANT PLUS DE

QUATRE CENTS RECETTES DE POTAGES FRANÇAIS ET ÉTRANGERS

PAR

JULES GOUFFÉ

Ancien officier de bouche du Jockey-Club de Paris
Auteur du *Livre de Cuisine*

PARIS
LIBRAIRIE HACHETTE ET Cⁱᵉ
79, BOULEVARD SAINT-GERMAIN, 79

—

1875

Droits de traduction et de reproduction réservés.

PRÉFACE

Le potage est considéré avec raison comme l'ouverture indispensable de tout dîner. Délicat et léger chez les personnes riches ou aisées, simple et substantiel chez l'ouvrier ou chez le laboureur, bisque aux écrevisses ou soupe aux choux, il figure sur toutes les tables, réjouissant les convives et les sollicitant à faire honneur au repas. Son action favorable sur la santé est d'ailleurs universellement reconnue : il est la nourriture favorite des malades et des enfants.

La confection des soupes et des potages doit être l'objet d'une attention toute particulière. Les cuisiniers et les ménagères auront soin de n'employer que des denrées de bonne qualité, base de toute véritable cuisine. La préparation des viandes et des légumes, le dosage des assaisonnements, la surveillance de la cuisson, sont des opérations qui ne demandent qu'un peu de goût et de pratique.

Pour faciliter la tâche des maîtresses de maison, nous avons réuni dans cet ouvrage la série presque entière des potages connus, français ou étrangers : leur nombre dépasse celui des jours de l'année. On y trouvera, dans des chapitres spéciaux, les potages simples et peu coûteux et ceux dont le travail est plus compliqué et la préparation plus dispendieuse.

En règle générale, un potage doit être léger : il est fait pour préparer le dîner et ne doit jamais, par conséquent, surcharger l'estomac des convives. Nous avons donc renoncé aux pratiques de la vieille cuisine, qui, sous prétexte d'ouvrir l'appétit, servait dans une soupière des repas complets.

Nous avons également supprimé, sauf pour quelques potages étrangers, ces dénominations ambitieuses qui masquent, sous le nom de personnages célèbres, la composition véritable de divers potages. Nous les avons désignés par les noms les plus simples et les plus clairs, indiquant par eux-mêmes les matières qui en forment la base.

Dans cette grande variété de potages, il en est un certain nombre qui appartiennent à la même famille, qui ne diffèrent entre eux que par la substitution d'une espèce de viande, de légume ou d'assaisonnement à une autre. Voulant avant tout être clair et précis, nous n'avons pas craint de nous répéter et de décrire chaque préparation comme si elle était isolée : les cuisiniers et les cuisinières seront par là affranchis de l'obligation de faire une étude complète de toutes les parties de ce livre. Toutefois il va sans dire que nous n'avons donné qu'une seule fois dans toute leur étendue les préparations qui servent à confectionner ou à finir les potages de même espèce, telles que consommés gras ou maigres, bouillons ou purées : on les trouvera décrites en tête du chapitre dans lequel elles auront leur emploi naturel. De plus, chaque fois qu'un renvoi a été nécessaire, nous l'avons indiqué entre parenthèses.

Nous aimons à espérer que le public accueillera ce petit livre avec la même faveur que notre grand *Livre de cuisine*. Il est le fruit d'une longue expérience et le couronnement de toute une vie de travail.

LE LIVRE
DES SOUPES
ET
DES POTAGES

INTRODUCTION

I. — DIVISION DE L'OUVRAGE

La cuisine française possède de nombreuses variétés de soupes et de potages. Elle s'est en outre, à diverses époques, enrichie par des emprunts judicieux faits aux nations étrangères. Il en résulte que de nos jours la série des recettes est presque illimitée. Pour mettre un peu d'ordre dans une matière aussi riche et aussi variée, nous avons établi trois grandes divisions dans cet ouvrage.

Le premier livre comprend, sous le titre de *potages gras*, toutes les préparations dans lesquelles on emploie de la viande, du gibier, et leurs dérivés, graisses, consommés ou purées : cette partie est de beaucoup la plus importante et la plus étendue.

Le deuxième livre renferme les *potages maigres*, c'est-à-dire ceux dans lesquels il n'entre que du beurre, des légumes ou du poisson.

Le troisième livre est consacré aux *potages étrangers*, russes, anglais, italiens, allemands et autres, qui pour la plupart ont reçu en France des lettres de naturalisation.

Nous avons placé dans un Appendice la recette de quelques sauces qui entrent dans la composition de certains potages : ce sont l'espagnole, le velouté, l'allemande et la béchamel. Ces recettes sont extraites de notre grand *Livre de Cuisine*, édité par la librairie Hachette et Cie.

On trouvera en outre, à la suite de l'Appendice, l'explication des termes de cuisine employés dans cet ouvrage. Ces termes, ainsi que les opérations qu'ils indiquent, sont bien connus des gens du métier; mais dans un livre qui s'adresse, non-seulement aux cuisiniers de profession, mais encore aux personnes non familiarisées avec la langue et la pratique de la cuisine, on doit s'attacher avant tout à se faire bien comprendre.

Nous appelons enfin l'attention des cuisiniers et des cuisinières sur les recommandations qui suivent, car de leur observation dépend la réussite de toutes les opérations qui se font dans la cuisine.

II. — TENUE DE LA CUISINE

Une cuisine doit être tenue dans un état de propreté irréprochable. Ce précepte ne s'applique pas seulement au local dans lequel on travaille, mais il s'étend encore et surtout à tous les ustensiles qui servent aux préparations. Pour la bonne réussite des soupes et des potages, nous recommanderons, entre autres soins, la scrupuleuse observation des prescriptions suivantes.

On ne laissera jamais les cuillers de bois dans le cylindre.

Les tamis, les étamines et les menues cuillers seront toujours lavés à grande eau.

Si l'on se sert de serviettes, on les lavera à l'eau chaude, afin qu'elles perdent tout goût de lessive.

L'eau du cylindre sera renouvelée tous les jours par deux tiers d'eau nouvelle. On est souvent surpris de voir que les veloutés et les sauces blanches et hollandaises ont une teinte grise et les gelées un aspect noirâtre : cela vient de la casserole, qui, lavée dans une eau trop forte, garde toujours une espèce de limon noirâtre que l'eau y a déposée et que le rinçage, même à grande eau, ne parvient pas toujours à enlever.

Les cuivres exigent également beaucoup de soin. Dans les cuisines, le cuivre se ternit si vite, que deux heures après qu'une casserole a été mise toute brillante en place, il n'y paraît plus.

On veillera surtout au lavage de la table et des

planchettes. Après les avoir brossées avec du savon noir, on les rincera à fond avec de l'eau bien propre : autrement il y reste une couche de savon qui se détache à la moindre humidité et qui adhère soit aux viandes, soit aux légumes.

Enfin, nous conseillons aux chefs de cuisine de soigner l'ordinaire à l'égal des grands dîners et, quelque confiance qu'ils puissent avoir dans leurs aides, nous les engageons à donner partout le suprême coup d'œil du maître.

LIVRE PREMIER

POTAGES GRAS

CHAPITRE PREMIER

SOUPES GRASSES

POT-AU-FEU

Nous conseillons aux ménagères de faire leur pot-au-feu pour deux jours, excepté toutefois dans les grandes chaleurs : ce sera pour elles une notable économie de temps.

Les morceaux de bœuf que l'on doit prendre de préférence sont le paleron et le talon de collier. Le collier fait aussi de l'excellent bouillon et la viande est bonne à manger ; mais elle doit rester plus longtemps au feu, car la cuisson en est très-lente. Les morceaux du collier ont d'ailleurs l'avantage d'être d'un prix moins élevé que les autres parties du bœuf.

Un bon pot-au-feu de ménage doit être composé de la manière suivante : 1 kilogr. de bœuf, os compris, 4 litres d'eau, 200 grammes de poireaux, 150 grammes d'oignons, 150 grammes de carottes, 10 grammes de céleri, 25 grammes de panais, 30 grammes de sel.

Mettez dans une marmite la viande préalablement désossée et ficelée, en plaçant les os au fond. — Ajoutez le sel. — Faites bouillir et écumez. — Épluchez et lavez les légumes. — Lorsque le bouillon est bien écumé, mettez les légumes dans le pot; puis, l'ébullition une fois reprise, couvrez le fourneau, afin qu'elle continue lentement, mais cependant sans jamais s'arrêter.

La qualité d'un pot-au-feu dépend surtout de la manière dont la cuisson a été conduite : s'il bout trop fort, s'il vient à cesser de bouillir et que l'on soit obligé de le faire bouillir de nouveau, on n'obtiendra jamais de bon bouillon. La durée ordinaire de la cuisson est de cinq heures; mais au bout de quatre heures on doit s'assurer si la viande est cuite, ce que l'on fait en y enfonçant une aiguille à brider : si celle-ci entre sans résistance, c'est signe que la viande est cuite à point.

Dégraissez alors le bouillon, mettez la viande sur un plat et les légumes sur une assiette. — Trempez la soupe et servez.

En règle générale, tous les potages doivent être servis chauds.

Pour colorer le bouillon, on ne doit se servir que de caramel et ne mettre celui-ci dans la soupe qu'au moment où on la trempe. Il faut éviter de colorer le bouillon réservé pour le lendemain. Voici la recette pour faire le caramel :

PRÉPARATION DU CARAMEL

Mettez 500 grammes de sucre en poudre dans un poêlon d'office et faites-le fondre sur le feu en le remuant avec une cuiller de bois. — Lorsque le sucre est bien fondu, laissez-le sur un feu doux jusqu'à ce qu'il ait pris une couleur acajou foncé. — On aura soin de le remuer de temps en temps, afin d'obtenir une couleur uniforme. — Lorsque le sucre aura atteint la teinte voulue, ajoutez 1 litre d'eau, ravivez le feu et faites réduire pour que le caramel fasse sirop. — Retirez du feu, laissez refroidir et réservez en bouteille.

Il faut éviter de faire aller le sucre trop vite : on s'exposerait ainsi à le brûler et à n'obtenir qu'un sirop noir, qui communiquerait une teinte désagréable au bouillon. Le caramel ainsi préparé est supérieur à toutes les matières colorantes que l'on trouve dans le commerce.

SOUPE DE CHOUX AU LARD

Cette soupe présente cet avantage particulier, qu'elle permet de faire tout son dîner dans la même marmite.

Épluchez et lavez 2 kilogr. de choux ; mettez-les

dans une marmite avec 5 litres d'eau et 10 grammes de sel. — Faites bouillir et écumez. — Ajoutez 1 kilogr. 1/2 de lard de poitrine bien lavé, puis 2 carottes et 2 oignons. — Faites cuire pendant deux heures. — Ensuite assurez-vous de la cuisson, et si le lard est cuit, retirez-le sur un plat. — Laissez les choux au feu pendant encore deux heures. — Avant de servir, remettez le lard dans les choux pendant dix minutes pour le réchauffer. — Au moment de servir, goûtez si votre soupe est d'un bon sel. — Trempez la soupe, égouttez les choux, mettez-les sur un plat, placez le lard dessus, et servez.

SOUPE DE CHOUX AU MOUTON

Même quantité de choux, d'eau et de légumes que pour la soupe précédente ; mais on emploiera 40 grammes de sel, parce que le mouton n'est pas salé par lui-même comme le lard. — On prendra 1 kilogr. de poitrine de mouton et l'on finira comme pour la soupe de choux au lard. — S'il reste de la poitrine, on la fait griller le lendemain, ce qui fait un très-bon plat de déjeuner.

On peut faire cette soupe pour deux jours : il suffit dans ce cas d'augmenter la dose des denrées.

SOUPE DE LÉGUMES AU LARD

Mettez dans une marmite 5 carottes, 5 navets et 8 poireaux, le tout coupé en morceaux. — Ajoutez

5 litres d'eau et 1 kilogr. de petit lard bien lavé. — Faites bouillir, écumez et mettez mijoter sur un feu doux. — Lorsque le lard est cuit, retirez-le sur un plat. — Ajoutez à la soupe 1 litre de fèves de marais et 1 litre de gros pois. — Goûtez pour vous assurer que le lard est assez salé; s'il ne l'est pas, ajoutez-y du sel. — Laissez sur le feu jusqu'à entière cuisson des légumes. — Ceux-ci étant cuits, retirez-en une partie pour la servir avec le lard. — Trempez la soupe et servez.

SOUPE DE CHOUX A L'OIE

Videz, flambez et épluchez une oie. — Bridez-la. — Mettez dans une grande marmite 3 kilogr. de choux épluchés et lavés, puis l'oie. — Remplissez d'eau la marmite, faites bouillir, écumez, salez et poivrez. — Ajoutez 3 oignons, 3 carottes, un bouquet de persil assaisonné de thym et de laurier et une pincée de sel. — Faites cuire à petits bouillons. — Au bout de deux heures, assurez-vous de la cuisson de l'oie, et si elle est bien cuite, retirez-la sur un plat. — Égouttez une partie des choux pour les servir avec l'oie. — Retirez le bouquet. — Trempez la soupe et servez.

Cette soupe, ainsi que la précédente, présente une grande ressource pour les fermes et pour toutes les maisons qui ont beaucoup d'ouvriers à nourrir.

SOUPE DE CHOUX AU PETIT SALÉ ET AU SAUCISSON

Cette soupe se prépare comme la soupe de choux au lard, en remplaçant le lard par 1 kilogr. de petit salé et par un saucisson.

SOUPE DE MOUTON AUX NAVETS

Ayez une épaule de mouton désossée et ficelée en rouleau. — Mettez dans une marmite 4 litres d'eau avec 50 grammes de sel. — Faites bouillir et mettez l'épaule dans l'eau bouillante; écumez. — Pour une épaule de 2 kilogr., deux heures de cuisson suffisent. — Au bout d'une heure, ajoutez 3 oignons, un bouquet de persil garni d'une feuille de laurier et d'une branche de thym, une pincée de sel, puis 1 kilogr. de navets qui ne soient ni creux ni véreux. — Finissez la cuisson, égouttez les navets et la viande et retirez le bouquet. — Mettez l'épaule sur un plat et dressez les navets autour. — Trempez la soupe et servez.

SOUPE DE HARICOTS ROUGES AU LARD

Prenez 1 litre de haricots rouges, lavez-les et mettez-les dans une marmite avec 4 litres d'eau, un bouquet de persil garni de thym et de laurier et 2 oignons. — Ajoutez 1 kilogr. 1/2 de petit lard de poitrine bien lavé. — Après deux heures d'ébullition, assurez-vous de la cuisson du lard. — Goûtez pour vous assurer si les haricots sont suffisamment salés. — Si le lard est assez cuit, retirez-le et laissez les haricots finir de cuire. — Lorsqu'ils sont cuits, égouttez-les et mettez-les dans une casserole, avec beurre, poivre et persil haché. — Trempez la soupe, mettez le lard sur un plat et servez les haricots à part.

On sert aussi les haricots sans beurre.

SOUPE DE LENTILLES A LA TÊTE DE PORC

Ayez 1 kilogr. 1/2 de tête de porc désossée. — Mettez-la dans une terrine pendant trois jours, avec trois poignées de gros sel. — Mettez dans une marmite 1 litre de lentilles bien lavées, avec 4 litres d'eau, un bouquet de persil garni de thym et de laurier et 2 oignons. — Ajoutez-y la tête après l'avoir lavée. — Au bout d'une heure de cuisson, goûtez pour vous assurer s'il y a assez de sel. — Lorsque la tête est cuite, mettez-la sur un plat. — Égouttez les lentilles, mettez-les dans une casserole avec beurre, poivre et persil haché; ajoutez du sel, si c'est nécessaire. — Trempez la soupe et servez.

SOUPE DE HARICOTS BLANCS AU JAMBON

Faites dessaler 1 kilogr. de jambon pendant deux jours. — Mettez dans une marmite, avec 4 litres d'eau et le jambon, 1 litre de haricots blancs bien lavés. — Ajoutez-y un bouquet de persil garni de thym et de laurier et 2 oignons. — Faites cuire. — La cuisson terminée, retirez le jambon sur un plat. — Goûtez pour vous assurer si l'assaisonnement est bon. — Égouttez les haricots, mettez-les dans une casserole avec beurre, persil et poivre. — Trempez la soupe et servez.

SOUPE DE BŒUF AUX POMMES DE TERRE

Ayez 1 kilogr. 1/2 de bavette d'aloyau. — Mettez-la dans une marmite, avec 5 litres d'eau et 45 grammes de sel. — Faites bouillir, écumez et laissez cuire pendant deux heures. — Au bout de cet intervalle, ajoutez 1 kilogr. de pommes de terre jaunes, épluchées et lavées. — Lorsqu'elles sont cuites, retirez viande et pommes de terre et mettez le tout sur un plat. — Trempez la soupe et servez.

SOUPE DE QUEUE DE BŒUF AUX CAROTTES

Ayez 1 kilogr. de queue de bœuf, prise du côté du gros bout et coupée en morceaux de 5 centimètres. — Lavez ceux-ci et mettez-les dans une marmite, avec 4 litres d'eau et 40 grammes de sel. — Faites bouillir et écumez. — Ajoutez 1 kilogr. de carottes coupées en gros morceaux, ainsi qu'un bouquet de persil garni de thym et de laurier. — Faites cuire à petits bouillons. — Assurez-vous si l'assaisonnement est bon. — La queue cuite, mettez-la sur un plat avec les carottes. — Otez le bouquet de persil. — Trempez la soupe et servez.

SOUPE DE FÈVES AU COLLET DE MOUTON

Mettez dans une marmite deux collets de mouton du poids de 1 kilogr., avec 4 litres d'eau, 40 grammes de sel et un bouquet garni de thym et de laurier. — Faites bouillir et écumez. — Laissez cuire pendant deux heures à petit feu. — Ajoutez alors 1 kilogr. de grosses fèves dont vous aurez enlevé la peau et remettez en plein feu. — Au premier bouillon, couvrez le feu, afin que votre soupe ne fasse que mijoter. — Les fèves cuites, retirez les collets sur un plat, égouttez les fèves, mettez-les dans une casserole avec beurre, poivre et sel s'il est nécessaire, et sariette hachée. — Retirez le bouquet. — Trempez la soupe et servez collets et fèves à part.

SOUPE DE LAPIN AU CHASSEUR

Ayez un chou du poids de 2 kilogr. — Après en avoir retiré les feuilles dures, coupez-le en quatre, lavez-le à plusieurs eaux et mettez-le dans une casserole avec 5 litres d'eau, 1 kilogr. de petit lard de poitrine, 2 grosses carottes, 3 oignons dont un piqué de 2 clous de girofle, un bouquet de persil garni d'une feuille de laurier et même quantité de basilic et de thym, enfin 2 lapins de garenne coupés en quatre. — Ajoutez une petite pincée de sel et de poivre. — Mettez sur le feu, faites bouillir, écumez et mettez sur le coin du fourneau pour finir la cuisson. — Retirez de la marmite le lapin et le lard aussitôt qu'ils sont cuits, pour les y remettre un quart d'heure avant de servir. — Au moment de tremper la soupe, goûtez pour savoir si l'assaisonnement est bon, dégraissez, mettez le pain taillé dans la soupière et couvrez-le de bouillon. — Mettez les choux dans le milieu d'un plat, les lapins et le lard dessus. — Remplissez la soupière de bouillon et servez lapins et choux à part.

SOUPE DE CHATAIGNES AU PORC SALÉ

Fendez 3 litres de châtaignes. — Faites-les cuire dans une poêle, afin de pouvoir en retirer le peau. — Mettez-les ensuite dans une marmite avec 4 litres d'eau et ajoutez 1 kilogr. de porc salé. — Mettez sur le feu et laissez jusqu'à entière cuisson du porc. — La cuisson terminée, retirez le porc sur un plat. — Taillez la soupe, trempez-la et réservez la purée pour la servir avec le porc.

Pour cette soupe, comme du reste pour toutes les soupes en général, une cuisson lente est de rigueur. Si l'on y fait entrer de la viande salée, il faut toujours goûter la soupe pour s'assurer de l'assaisonnement et ajouter du sel en cas de besoin.

CHAPITRE II

POTAGES GRAS SIMPLES

VERMICELLE AU BOUILLON

Faites bouillir 2 litres de bouillon. — Lorsqu'il commence à bouillir, versez-y 120 grammes de vermicelle concassé. — On verse le vermicelle d'une main, et de l'autre on remue le bouillon avec une cuiller. — Laissez mijoter sur le coin du fourneau pendant quinze minutes. — Servez.

RIZ AU BOUILLON

Lavez à plusieurs eaux 75 grammes de riz de Caroline. — Après le lavage, égouttez-le. — Faites bouillir 1 litre 1/2 de bouillon et versez-y le riz en remuant avec une cuiller. — Couvrez le feu et laissez cuire à très-petits bouillons pendant une demi-heure. — Servez.

TAPIOCA AU BOUILLON

Faites bouillir 1 litre 1/2 de bouillon. — Versez-y lentement d'une main 80 grammes de tapioca et de l'autre main remuez avec la cuiller pour éviter la formation de grumeaux. — Quand tout le tapioca est versé, couvrez bien la casserole et mettez-la sur le coin du fourneau pendant vingt minutes. — Écumez et servez.

SEMOULE AU BOUILLON.

Faites bouillir 1 litre 1/2 de bouillon. — Versez-y 100 grammes de semoule, tout en remuant avec une cuiller. — Au premier bouillon, couvrez le feu et la casserole. — Laissez mijoter le potage pendant une demi-heure, en veillant à ce qu'il ne s'attache point. — Versez-le ensuite dans la soupière et servez.

SAGOU AU BOUILLON.

Mettez dans une casserole 3 litres de bouillon. — Faites bouillir. — Mettez 150 grammes de sagou, en tournant avec la cuiller. — Laissez mijoter sur le coin du fourneau pendant quarante minutes, la casserole étant entièrement couverte. — Écumez et servez.

Les potages de vermicelle, de riz, de semoule, de tapioca et de sagou se font aussi au lait. On remplace le bouillon par du lait, on sale légèrement et l'on sucre.

CHAPITRE III

POTAGES SIMPLES AUX LÉGUMES

SOUPE AUX LÉGUMES

Cette soupe remplace très-bien la julienne, tout en demandant beaucoup moins de soins.

Coupez menu et en morceaux égaux une certaine quantité de carottes, navets, oignons, poireaux et choux de manière à en avoir 1 kilogr. — Mettez dans une casserole 200 grammes de beurre, ou de bonne graisse à défaut de beurre. — Faites prendre couleur aux légumes. — Lorsqu'ils sont blonds, mouillez avec 3 litres d'eau et ajoutez 35 grammes de sel. — Faites cuire à feu doux. — On peut, si on le désire, ajouter une poignée d'oseille épluchée et lavée. — Les légumes cuits, goûtez pour vous assurer que la soupe est d'un bon sel. — Trempez la soupe et servez.

SOUPE A L'OIGNON

Épluchez et coupez en lames 300 grammes d'oignons; mettez-les dans une casserole avec 200 grammes de beurre ou de bonne graisse. — Faites prendre couleur à l'oignon. — Lorsqu'il est devenu roux, ajoutez une forte cuillerée à bouche de farine. — Laissez une minute sur le feu, en tournant avec une cuiller de bois. — Mouillez avec 4 litres d'eau et assaisonnez de sel et poivre. — Laissez cuire pendant vingt minutes, puis goûtez si l'assaisonnement est bon. — Trempez la soupe et servez.

On fait aussi cette soupe en la laissant mitonner et l'on sert à part du fromage de Gruyères râpé.

SOUPE D'OIGNONS AU LAIT

Même quantité d'oignons et même travail que pour la soupe précédente : on remplace l'eau par du lait.

SOUPE D'OIGNONS AU BOUILLON

Même quantité d'oignons que pour la soupe à l'oignon ordinaire : on remplace l'eau par du bouillon et on sert le fromage de Gruyères à part.

SOUPE A L'OSEILLE

Épluchez et lavez de l'oseille de manière à en avoir 500 grammes et pressez-la pour en exprimer l'eau. — Mettez l'oseille dans une casserole avec 100 grammes de beurre ou de bonne graisse. — Mettez sur le feu et tournez avec une cuiller de bois.

— Au bout de cinq minutes, ajoutez une forte cuillerée à bouche de farine. — Tournez pendant cinq minutes, puis mettez 2 litres d'eau et 35 grammes de sel. — Continuez à tourner jusqu'au premier bouillon; mettez ensuite sur le coin du fourneau. — Taillez le pain, mettez-le dans le bouillon et laissez mijoter cinq minutes. — Mettez 2 œufs dans une terrine, battez-les fortement et plus longtemps que pour une omelette. — Versez la soupe dans la soupière et ajoutez-y les œufs en remuant avec une cuiller. — Servez.

SOUPE DE POIREAUX AU LAIT

Épluchez des poireaux de manière à en avoir 500 grammes; coupez-les sur le travers à une épaisseur de 1 centimètre. — Mettez dans une casserole les poireaux avec 100 grammes de beurre ou de bonne graisse; faites-leur prendre couleur sur le feu, en tournant avec une cuiller de bois afin qu'ils se colorent uniformément. — Lorsqu'ils sont devenus blonds, mouillez avec 1 litre de lait et 1 litre d'eau; ajoutez 35 grammes de sel. — Faites bouillir une heure sur le coin du fourneau. — Taillez le pain, trempez la soupe et servez.

SOUPE DE POIREAUX AUX POMMES DE TERRE

Préparez des poireaux comme pour la soupe précédente. — Mouillez-les, en remplaçant le lait par de l'eau. — Ajoutez 500 grammes de pommes de terre jaunes, épluchées et lavées. — Faites cuire à petit feu. — Les pommes de terre cuites, trempez la soupe et servez.

On peut remplacer les poireaux par de l'oignon.

SOUPE DE POTIRON AU LAIT

Épluchez un potiron jaune ou un potiron vert, appelé aussi *giraumon*, de manière à en avoir 1 kilogramme 1/2. — Coupez-le en morceaux de 4 centimètres. — Mettez ceux-ci dans une casserole, avec 30 grammes de beurre, une pincée de sel, 30 grammes de sucre et 1 décilitre d'eau. — Laissez cuire pendant au moins deux heures. — Ayez toujours soin de vous assurer de la cuisson : si le potiron ne s'écrase pas facilement sous le doigt, c'est signe qu'il n'est pas assez cuit. — La cuisson terminée, passez à la passoire sur une terrine. — Mettez la purée dans une casserole ; ajoutez-y 1 litre 1/2 de lait que vous aurez fait bouillir. — Remettez la purée sur le feu pendant dix minutes, en tournant avec la cuiller de bois pour l'empêcher de s'attacher. — Goûtez pour vous assurer qu'elle a bon goût. — Trempez la soupe et servez.

On peut faire cette soupe en la mouillant au bouillon ; dans ce cas, on ne met ni sucre ni beurre. Pour la faire cuire, on remplace l'eau par 2 décilitres de bouillon et le lait par 1 litre 1/2 de bouillon. On ajoute une petite pincée de poivre et l'on sale légèrement, le bouillon étant déjà salé par lui-même.

Si l'on fait cette soupe à l'eau et au beurre, on fait cuire le potiron avec eau, sel et beurre, et, en la trempant, on ajoute 40 grammes de beurre que l'on agite dans la soupière pour le bien mêler.

SOUPE A LA PURÉE DE POIS SECS

Prenez 1 litre de pois cassés et triez-les pour retirer les mauvais pois ou les pierres. — Lavez-les et mettez-les dans une casserole avec 2 litres 1/2 d'eau, une pincée de sel et un oignon. — Faites cuire jusqu'à ce que les pois s'écrasent sous le doigt. — Passez-les ensuite dans la passoire et remettez la purée dans la casserole. — Mettez 50 grammes de beurre dans la soupière, taillez le pain en julienne, trempez la soupe et remuez pour mêler le beurre. — Servez.

Les soupes à la purée de lentilles, de haricots blancs ou rouges se font exactement de la même manière.

SOUPE A LA PURÉE DE NAVETS

Épluchez 1 kilogr. de navets qui ne soient ni creux ni véreux. — Mettez-les dans une casserole avec 30 grammes de beurre, une pincée de sel et 2 litres d'eau. — Faites cuire à petit feu jusqu'à ce que les navets s'écrasent sous le doigt. — La cuisson terminée, passez-les à travers une passoire, remettez-les sur le feu et tournez-les avec une cuiller de bois. — Taillez le pain en grosse julienne, mettez-le dans la soupière avec 30 grammes de beurre et versez la purée sur le pain. — Mêlez bien avec la cuiller et servez.

SOUPE A LA PURÉE DE CAROTTES

Même préparation et même travail que pour la soupe à la purée de navets. Finir de même.

SOUPE D'ORTIE BLANCHE AU LAIT

Ayez 200 grammes de feuilles d'ortie blanche épluchées et lavées. — Hachez-les et mettez-les dans une casserole avec 30 grammes de beurre et une pincée de sel. — Faites revenir sur le feu. — Ajoutez 1 litre 1/2 de lait que vous aurez fait bouillir avant de l'employer. — Faites cuire quinze minutes sur le coin du fourneau. — Taillez le pain dans la soupière et versez-y le liquide bouillant. — Couvrez la soupière et servez légèrement salé.

SOUPE AUX CHOUX VERTS

Prenez 200 grammes de feuilles de chou vert bien lavées, hachez-les gros et mettez-les dans une casserole avec 100 grammes de beurre ou de bonne graisse. — Faites revenir cinq minutes, mouillez avec 2 litres d'eau, ajoutez sel et poivre et faites cuire une heure à petit feu. — Trempez la soupe et servez.

SOUPE AU POURPIER ET A L'OSEILLE

Épluchez et lavez 500 grammes d'oseille et de pourpier. — Hachez grossièrement et mettez dans une casserole, avec 50 grammes de beurre ou de bonne graisse. — Mettez sur le feu et tournez pendant dix minutes avec la cuiller de bois. — Ajoutez une forte cuillerée à bouche de farine et remuez trois minutes. — Mettez 1 litre 1/2 d'eau, une forte pincée de sel et tournez avec la cuiller. — Au premier bouillon, mettez quinze minutes sur le coin du fourneau. — Taillez le pain dans la soupière, versez le liquide dessus, couvrez la soupière, puis servez.

BOUILLIE

Mettez dans une terrine 65 grammes de farine de froment. — Détrempez la farine avec 1 litre de lait, en ayant soin d'éviter la formation de grumeaux. — Mettez sur le feu; tournez pendant vingt-cinq minutes. — Ajoutez une petite prise de sel, sucrez légèrement et servez.

Les bouillies au maïs, à la fécule, à la crème de riz se font comme la bouillie à la farine de froment.

SOUPE AU MAÏS

Cette soupe n'est guère connue que dans le midi de la France. La recette m'en a été donnée par une dame de Bordeaux. J'avoue que cette soupe n'est nullement de mon goût; toutefois je lui donne place dans ce livre, à cause de son excentricité même.

Épluchez 50 grammes d'ail, hachez-le et mettez-le dans une casserole avec 1 décilitre d'huile. — Passez légèrement l'ail. — Ajoutez 250 grammes de farine de maïs jaune, que vous mêlerez à l'huile en tournant avec une cuiller de bois. — Mouillez ensuite avec de l'eau pour obtenir une bouillie épaisse. — Ajoutez une pincée de sel. — Le mélange opéré, faites cuire sur cendre rouge pendant vingt-cinq minutes. — Servez. — Si la soupe était trop épaisse, on ajouterait de l'eau pour la ramollir.

CHAPITRE IV

POTAGES AU CONSOMMÉ

EMPOTAGE

L'empotage est le consommé le plus fort et le plus exquis de la cuisine. Malheureusement la cherté des viandes empêche beaucoup de cuisinières d'en faire usage. Toutefois, comme nous ne pouvons le passer sous silence dans un livre spécialement consacré aux potages, nous allons en donner la recette.

Beurrez grassement le fond d'une grande casserole et mettez-y des rouelles d'oignon à une épaisseur de 2 centimètres. — Désossez une sous-noix et un jarret de veau, ficelez-les. Ajoutez-y une tranche de bœuf. — Mettez sur les oignons une tranche de jambon de Bayonne cru, du poids de 500 grammes. — Posez les viandes sur le jambon et sur l'oignon. — Mouillez avec 5 décilitres de grand bouillon (p. 29). — Faites partir sur le feu et couvrez la casserole. — Lorsque le grand bouillon est réduit de moitié, couvrez le feu : il faut que la réduction se fasse lentement, pour obtenir une glace rouge au fond de la casserole. — On retournera la viande, pour qu'elle prenne couleur uniformément. — Nous répétons que la glace doit être rouge foncé, et non pas noire.

Retirez la casserole du feu et laissez-la couverte pendant dix minutes. — Mettez-y ensuite 2 poules dont vous aurez levé les filets, 2 carottes et 5 grammes de sucre. — Mouillez avec du grand bouillon, faites bouillir à feu vif et, au premier bouillon, retirez sur le coin du fourneau, où vous laissez mijoter jusqu'à entière cuisson des viandes. — La cuisson terminée, dégraissez parfaitement, puis passez à travers une serviette préalablement lavée. — Dans l'empotage on ne met jamais de sel, à cause de la présence du jambon et des effets de la réduction : on se contente d'en ajouter aux potages lorsqu'ils sont finis. — Les viandes doivent être mises à part sur un plat et saupoudrées de sel.

CONSOMMÉ

Mettez dans une marmite 4 kilogr. de tranche de bœuf, 2 jarrets de veau, 2 poules, 8 litres de grand bouillon (p. 29), 30 grammes de sel, 3 carottes, un gros bouquet de poireaux, 3 oignons dont un piqué de 3 clous de girofle. — Désossez et ficelez les viandes. — Levez les filets des poules et ficelez celles-ci. — Mettez-le tout dans la marmite avec le bouillon et le sel. — Faites bouillir, écumez et rafraîchissez. — Faites bouillir encore et écumez de nouveau. — Garnissez la marmite avec les légumes et portez à l'ébullition. — Au premier bouillon, mettez sur le coin du fourneau et couvrez le feu, afin que la viande cuise à très-petits bouillons : la qualité et la limpidité d'un consommé dépendent du soin que l'on apporte à la cuisson, qui doit toujours être lente et douce. — La viande cuite, passez à la serviette, dégraissez. — Mettez les viandes sur un plat et saupoudrez-les de sel. — Réservez pour servir.

CONSOMMÉ AU BAIN-MARIE

Mettez dans une marmite 3 kilogr. de tranche de bœuf, 2 jarrets de veau sans les os, 2 poules, 2 grosses carottes, 2 oignons et un bouquet de poireaux. — Couvrez la marmite et collez du papier autour du couvercle pour la fermer hermétiquement. — Mettez la marmite au bain-marie et laissez cuire pendant six heures. — Passez ensuite à la serviette et réservez pour le service.

CONSOMMÉ DE VOLAILLE

Mettez dans une marmite 3 poules bridées dont vous aurez levé les filets, et 2 jarrets de veau désossés et ficelés. — Mouillez avec 6 litres de grand bouillon (p. 29) et mettez sur le feu. — Au premier bouillon, écumez, rafraîchissez, écumez de nouveau, et garnissez de légumes, tels que carottes, oignons et poireaux. — Faites mijoter jusqu'à ce que les viandes soient cuites. — Passez à la serviette et dégraissez entièrement. — Pilez les filets et servez-vous-en pour clarifier le consommé. — Réservez pour l'emploi.

CONSOMMÉ DE GIBIER

Mettez dans une marmite, après en avoir levé les filets, 1 poule faisane et 3 perdrix ; ajoutez-y 2 lapins de garenne et 2 jarrets de veau désossés et ficelés. — Mouillez avec 6 litres de grand bouillon (p. 29). — Faites bouillir et écumez. — Garnissez de carottes, oignons, poireaux, persil, thym et laurier. — Le gibier cuit, passez à la serviette, dégraissez, clarifiez avec les filets et réservez pour l'emploi.

BLOND DE VEAU

Désossez et ficelez une sous-noix et un jarret de veau. — Beurrez une casserole et mettez sur le fond des rouelles d'oignon comme pour l'empotage (p. 25). — Posez les viandes sur l'oignon et mouillez avec 5 décilitres de grand bouillon (p. 29). — Faites tomber à glace. — Mettez 2 poules dont vous aurez levé les filets, mouillez avec grand bouillon et ajoutez 2 belles carottes, 1 oignon piqué de 2 clous de girofle et 5 grammes de sucre. — Finissez comme pour l'empotage.

Le blond de veau doit être foncé en couleur.

POTAGES AU CONSOMMÉ

GRAND BOUILLON

Le grand bouillon se fait avec les viandes inférieures, les os, les parures et les racines. — Désossez les viandes, brisez les os avec le couperet, ficelez les chairs et mettez le tout dans une marmite remplie d'eau. — Faites bouillir, salez légèrement, écumez, puis ajoutez oignons, carottes, poireaux et un fort bouquet de persil garni de thym et de laurier. — Laissez cuire pendant cinq heures. — Passez ensuite le bouillon à travers une serviette, que vous aurez eu soin de laver pour lui retirer le goût de lessive. — Le bouillon passé, réservez-le pour les mouillements. — Quant aux viandes, mettez-les sur un plat et saupoudrez-les de sel.

RIZ AU CONSOMMÉ

Lavez et blanchissez 125 grammes de riz. — Égouttez et rafraîchissez. — Mettez le riz dans une casserole avec 1 litre de grand bouillon et faites cuire pendant trente-cinq minutes. — Faites bouillir 2 litres de consommé. — Égouttez le riz, mettez-le dans la soupière, versez-y le consommé et servez.

VERMICELLE AU CONSOMMÉ

Faites blanchir 150 grammes de vermicelle pendant cinq minutes, égouttez et rafraîchissez. — Mettez le vermicelle dans une casserole avec 1 litre de grand bouillon (p. 29) et faites cuire pendant quinze minutes. — Mettez dans une casserole 2 litres de consommé et 1 litre de blond de veau (p. 28) et faites bouillir. — Égouttez le vermicelle, mettez-le dans la soupière et versez le consommé dessus. — Remuez avec la cuiller pour bien mêler. — Goûtez pour vous assurer de l'assaisonnement et servez.

SEMOULE AU CONSOMMÉ

Mettez dans une casserole 2 litres de consommé et 1 litre de blond de veau (p. 28). — Faites bouillir. — Versez alors, d'une main, 150 grammes de semoule dans le consommé et, tenant de l'autre main une cuiller, mêlez la semoule en tournant. — Lorsque le consommé commence à bouillir, mettez sur le coin du fourneau, couvrez la casserole et laissez mijoter doucement pendant une demi-heure. — Écumez ensuite le potage et servez.

SAGOU AU CONSOMMÉ

Mettez dans une casserole 3 litres de consommé. — Faites bouillir. — Versez dans le consommé 50 grammes de sagou, en remuant avec la cuiller pour bien mêler. — Au premier bouillon, mettez sur le coin du fourneau, couvrez la casserole et laissez mijoter pendant quarante minutes. — Écumez et servez.

POTAGES AU CONSOMMÉ

SALEP AU CONSOMMÉ

Même quantité de consommé, de salep et de cuisson que pour le potage précédent. Même travail.

TAPIOCA AU CONSOMMÉ

Faites bouillir 3 litres de consommé. — Au premier bouillon, mettez dans la casserole 125 grammes de tapioca, en remuant au fur et à mesure que vous le versez. — Laissez mijoter pendant vingt minutes à casserole couverte. — Écumez et servez.

PATES D'ITALIE AU CONSOMMÉ

Blanchissez 250 grammes de pâtes d'Italie. — Rafraîchissez, égouttez, faites cuire dans 1 litre de grand bouillon (p. 29). — Égouttez et mettez les pâtes dans 1 litre de blond de veau (p. 28) et 2 litres de consommé bouillant. — Laissez bouillir une minute, écumez et servez.

NOUILLES AU CONSOMMÉ

Faites 300 grammes de farine de pâte à nouilles. — Abaissez et coupez en filets. — Faites blanchir, égouttez, rafraîchissez et faites cuire pendant dix minutes dans du grand bouillon (p. 29). — Versez 1 litre de blond de veau (p. 28) et 2 litres de consommé dans une casserole. — Égouttez les nouilles, mettez-les dans le consommé, donnez un bouillon, écumez et servez.

MACARONI AU CONSOMMÉ

Faites blanchir dans de l'eau salée 225 grammes de macaroni d'Italie. — Aussitôt qu'il est blanchi, rafraîchissez-le, coupez-le en morceaux de 2 centimètres de longueur et mettez-le dans une casserole avec du consommé. — Finissez de le cuire. — Faites bouillir 1 litre de blond de veau (p. 28) et 2 litres de consommé. — Égouttez le macaroni, mettez-le dans la soupière, versez le consommé dessus et servez.

Avec tous les potages de pâtes, on sert à part une assiette de fromage de Parmesan râpé.

CHAPITRE V

POTAGES AUX ESCALOPES [1]

POTAGE D'ESCALOPES DE FAISANS

Prenez 2 faisans et levez-en les filets. Beurrez légèrement un plat à sauter. — Parez les filets en escalopes de 3 centimètres, rangez-les dans un plat à sauter, salez très-légèrement et couvrez-les d'un rond de papier beurré. — Mettez dans une casserole les cuisses et les carcasses des faisans, mouillez avec 3 litres de consommé, mettez sur le feu, faites bouillir et écumez. — Ajoutez 1 oignon piqué d'un clou de girofle et laissez mijoter sur le coin du fourneau. — Lorsque les cuisses sont cuites, retirez-les sur un plat. — Passez le consommé à travers une serviette bien rincée à l'eau chaude, dégraissez et clarifiez avec du veau pilé et les parures des filets. — Au moment de servir, faites sauter les escalopes juste à point, passez-les dans un peu de consommé chaud, afin de retirer le beurre qui y adhère, égout-

---

1. On trouvera au chapitre II du livre II les potages aux escalopes de poisson.

tez-les, mettez-les dans une soupière et versez dessus le consommé. — Celui-ci ne doit pas avoir plus de 60 degrés de chaleur. Bouillant, il durcirait les escalopes et ferait perdre ses qualités au potage. Cette observation s'applique à tous les potages d'escalopes.

POTAGE D'ESCALOPES DE BÉCASSES

Levez les filets de 3 bécasses et parez-les comme les filets de faisans. — Retirez les intestins, mettez les carcasses des bécasses dans une casserole et faites un consommé comme le précédent. — Passez les intestins légèrement au beurre. — Laissez refroidir. — Pilez en ajoutant 10 grammes de beurre, une pointe de muscade, une de poivre, une petite prise de sel et 2 jaunes d'œufs. — Passez au tamis. — Faites 36 croûtons ronds de la grandeur des escalopes et de 1 demi-centimètre d'épaisseur et passez-les au beurre clarifié. — Lorsqu'ils sont refroidis, étalez sur chaque croûton une couche de la farce faite avec les intestins, d'une épaisseur égale à celle du pain. — Faites pocher les croûtons au moment de servir et finissez le potage comme le précédent. — Servez les croûtons à part.

POTAGE D'ESCALOPES DE GRIVES

Levez les filets de 8 grives, escalopez-les et rangez-les dans un plat à sauter. — Beurrez et assaisonnez de sel, poivre et muscade. — Lorsque toutes les escalopes sont dans le plat, couvrez-les d'un rond de papier beurré. — Mettez les corps des grives dans une casserole avec 1 grosse carotte émincée, 1 oignon émincé, 1 autre oignon piqué d'un clou de girofle, un bouquet de persil garni d'une feuille de laurier et d'une égale quantité de thym. — Couvrez le tout avec 3 litres 1/2 de consommé, faites bouillir et, au premier bouillon, mettez sur le coin du fourneau, afin que la cuisson se fasse lentement. — Quand les grives sont cuites, passez le consommé à la serviette et dégraissez-le parfaitement.

Faites sauter les escalopes, égouttez-les sur une serviette pour retirer le beurre qui y adhère et qui troublerait le consommé. — Cela fait, mettez les escalopes dans la soupière et versez le consommé dessus. Il faut que celui-ci n'ait pas plus de 60 degrés de chaleur; plus chaud, il durcirait les escalopes. — Cette manière de procéder s'applique à tous les potages garnis de gibier, sauté ou rôti. — Servez à part des croûtons faits avec de la croûte de pain à potage. — Assurez-vous toujours de l'assaisonnement avant de servir.

Pour tous les potages d'escalopes, je conseille de lier légèrement le consommé avec du tapioca.

POTAGE D'ESCALOPES DE PERDREAUX

Levez les filets à 3 perdreaux et escalopez-les. — Mettez les carcasses dans une casserole avec 3 litres de consommé et finissez comme le potage aux escalopes de faisans (p. 33).

POTAGE D'ESCALOPES DE MAUVIETTES

Levez les filets à 18 mauviettes, parez-les et finissez comme le potage d'escalopes de bécasses (p. 34). — On garnit les croûtons avec une farce faite avec les intestins.

POTAGE D'ESCALOPES DE BARTAVELLES

Même travail que pour le potage d'escalopes de perdreaux (p. 35).

POTAGE D'ESCALOPES DE BECFIGUES

Procédez de la même manière que pour le potage d'escalopes de mauviettes. — Seulement on ne garnira pas les croûtons de farce.

POTAGE D'ESCALOPES DE BÉCASSINES

Prenez 15 bécassines, levez-en les filets, escalopez-les et finissez comme le potage d'escalopes de bécasses (p. 34).

POTAGE D'ESCALOPES D'ORTOLANS

Prenez 15 ortolans, levez-en les filets, parez-les en escalopes, mettez-les dans un plat à sauter légèrement beurré et semez sur le beurre une pincée de sel. — Mettez toutes les carcasses dans une casserole avec 3 litres de consommé. — Faites bouillir et écumez. — Faites cuire sur le coin du fourneau. — Réservez avec soin la graisse, qui vous servira à faire frire les croûtons après qu'elle aura été clarifiée. — Les carcasses cuites, passez le consommé à la serviette, dégraissez et clarifiez avec des filets de poule bien pilés. — Taillez des croûtons ronds de 3 centimètres de large sur 1 demi-centimètre d'épaisseur et faites-les frire dans la graisse des ortolans. — Au moment de servir, sautez les escalopes, passez-les dans du consommé pour en retirer la graisse et mettez-les dans la soupière. — Servez les croûtons à part.

POTAGE D'ESCALOPES DE POULARDES

Levez les filets de 2 poulardes, escalopez-les et rangez les escalopes dans un plat à sauter. — Beurrez et salez. — Levez les cuisses, brisez les carcasses avec le couteau et mettez-les dans une casserole avec les quatre cuisses que vous aurez ficelées ensemble. — Ajoutez 3 litres de consommé de volaille, faites bouillir et écumez. — Faites mijoter sur le coin du fourneau jusqu'à entière cuisson des cuisses. La cuisson terminée, retirez les cuisses, déficelez-les, mettez-les sur une assiette et saupoudrez-les de sel. Passez et dégraissez le consommé, clarifiez-le avec des filets de poule. — Faites sauter les escalopes, passez-les dans du consommé pour en retirer le beurre : cette précaution empêche les escalopes de troubler le consommé. — Mettez dans la soupière, versez le consommé et servez, comme au potage d'ortolans, des croûtons à part.

CHAPITRE VI

POTAGES AUX QUENELLES [1].

POTAGE A LA MONGLAS

Mettez dans une marmite 2 poules dont vous aurez levé les filets. — Ajoutez 4 litres de consommé, 1 carotte et 1 oignon. — Faites bouillir, écumez et laissez mijoter sur le coin du fourneau jusqu'à entière cuisson des poules. — Lorsqu'elles sont cuites, retirez-les sur un plat et salez-les légèrement. — Passez ensuite le consommé, dégraissez-le et clarifiez-le avec les filets des poules que vous aurez pilés. — Prenez alors 100 grammes de truffes bien épluchées, pilez-les avec 30 grammes de beurre fin et passez-les au tamis de Venise. — Mettez dans une terrine 8 jaunes d'œufs, dans lesquels vous délayerez la purée. — Ajoutez 2 décilitres 1/2 de consommé de volaille, mêlez et repassez au tamis.

Ayez un petit moule uni qui puisse contenir toute la crème; beurrez-le, mettez-y la crème et faites-la

---

1. On trouvera au chapitre II du livre II les potages aux quenelles de poisson.

prendre au bain-marie. — Lorsqu'elle est prise, on la met refroidir, afin qu'on puisse la démouler. — Si l'on était pressé par le temps, il faudrait la mettre dans de la glace pilée. — Faite la veille, cette crème n'en est que meilleure.

Faites 150 grammes de farce de foie gras et couchez-la au cornet, en quenelles de la grosseur d'une olive moyenne, dans un plat à sauter légèrement beurré. — Au moment de servir, faites pocher les quenelles dans du grand bouillon, égouttez-les sur une serviette, essuyez-les légèrement et mettez-les dans la soupière avec la crème que vous aurez démoulée et coupée en dés. — Versez le consommé dans la soupière et servez.

POTAGE BARAKINE

Faites une julienne avec truffes cuites au madère, filets de volaille sautés et le tendre d'une langue à l'écarlate, 125 grammes de chacun. — Faites bouillir 3 litres de consommé de volaille et liez-le avec 100 grammes de tapioca. — Lorsque le tapioca est cuit, écumez-le et mettez la julienne dans la soupière. — Laissez refroidir quelque peu le tapioca : il ne doit pas dépasser 60 degrés ; plus chaud, il gâterait les filets de volaille et ceux de langue. — Servez.

POTAGES AUX QUENELLES

FARCE DE VOLAILLE POUR POTAGES

Prenez 250 grammes de filets de poule, pilés et passés au tamis. — Ajoutez 80 grammes de tétine de veau, pilée et passée au tamis. — Faites une panade comme suit : Mettez dans une casserole 1 décilitre d'eau, une petite prise de sel et 10 grammes de beurre. — Placez sur le feu. — Au premier bouillon, retirez du feu. — Ajoutez de la farine de manière à obtenir une pâte ferme : il suffira pour cela de la mêler, en remuant avec une cuiller de bois. — Remettez sur le feu pendant deux minutes, en continuant de tourner pour empêcher la panade de s'attacher. — Versez ensuite la panade sur un plat en l'étalant à une épaisseur d'un doigt, couvrez-la d'un rond de papier beurré, et laissez refroidir. — Mettez dans un mortier la chair de poule et la tétine, assaisonnez légèrement de sel, d'une petite pincée de poivre et d'une pointe de muscade, pilez et ajoutez la panade. — La chair de poule, la tétine et la panade étant bien mêlées, ajoutez 2 jaunes d'œufs. — Il faut que cette farce soit bien lisse et bien ferme. Après s'être assuré de sa fermeté, on la met à point avec de la sauce allemande très-réduite (voyez à l'Appendice la recette de l'allemande).

Les farces pour potage doivent être délicates : elles exigent une extrême propreté et une grande rapidité dans l'exécution.

Toutes les farces de gibier et de foie gras se font de la même manière.

QUENELLES DE VOLAILLE AU CONSOMMÉ

Faites de la farce de volaille comme il est dit plus haut (p. 44). — Couchez-en 80 quenelles, de la grosseur d'une moyenne olive, dans un plat à sauter légèrement beurré. — Un quart d'heure avant de servir, faites pocher les quenelles dans du grand bouillon (p. 29), égouttez-les sur une serviette, essuyez-les légèrement, mettez-les dans la soupière et versez dessus le consommé de volaille (p. 27).

QUENELLES DE FAISAN AU CONSOMMÉ

Mettez dans une casserole 1 poule faisane après en avoir levé les filets. — Mouillez la poule avec 3 litres de consommé et 1 litre 1/2 de blond de veau (p. 28). — Ajoutez 1 oignon piqué d'un clou de girofle. — Faites bouillir et écumez. — Laissez mijoter sur le coin du fourneau jusqu'à entière cuisson de la poule. — Passez le consommé à la serviette, dégraissez et clarifiez avec chair de veau pilée. — Faites de la farce avec les filets comme il est dit ci-dessus aux quenelles de volaille et finissez de même.

Les potages aux quenelles de bécasses au consommé, de becfigues, de bécassines, de mauviettes, de perdreaux, de bartavelles, de lapereaux se font de la même manière que le potage aux quenelles de faisan.

CHAPITRE VII

POTAGES COMPOSÉS AU CONSOMMÉ

CONSOMMÉ AUX ŒUFS POCHÉS

Mettez dans une soupière 3 litres de consommé et servez à part 12 œufs pochés.

CONSOMMÉ SIMPLE AU PAIN GRILLÉ

Faites griller 2 tranches de pain à potage, mettez-les sur une assiette et servez un bol de consommé à part.

JULIENNE AU CONSOMMÉ

Coupez en julienne du rouge de carottes, des navets, des poireaux de manière à avoir 100 grammes de chaque légume. — Mettez le tout dans une casserole avec 100 grammes de beurre. — Placez sur le feu et tournez avec la cuiller de bois jusqu'à ce que les légumes aient pris une teinte rouge. — Mouillez avec une petite quantité de consommé et faites glacer. — Cela fait, mouillez avec 2 litres de consommé et 1 litre de blond de veau (p. 28) et faites bouillir. — Au premier bouillon, mettez sur le coin du fourneau et laissez mijoter pendant deux heures. — Ayez soin de ne pas laisser bouillir, même pendant une minute : une ébullition trop forte troublerait votre potage et rien ne pourrait lui rendre sa limpidité. Cette observation s'applique d'ailleurs à tous les liquides.

Une demi-heure avant de servir, ajoutez une chiffonnade blanchie, faite avec de la laitue et de l'oseille. — Taillez en julienne 100 grammes de croûte de pain à potage, mettez le pain dans la soupière, dégraissez parfaitement, versez-y la julienne et servez.

JULIENNE AUX ŒUFS POCHÉS.

Préparez une julienne comme la précédente et servez 12 œufs pochés à part. — On ne met pas de pain dans ce potage.

JULIENNE A LA ROYALE.

Préparez une julienne comme la julienne au consommé et garnissez-la d'une crème au consommé faite au bain-marie.

POTAGE BRUNOISE.

Taillez en dés d'un demi-centimètre 200 grammes de rouge de carottes et même quantité de navets et

POTAGES COMPOSÉS AU CONSOMMÉ

d'oignons. — Faites revenir et tomber sur glace. — Mouillez avec 3 litres de consommé, faites bouillir, puis mettez sur le coin du fourneau. — Coupez en petits carrés 60 grammes de feuilles d'oseille et de laitue, blanchissez-les, égouttez-les et mettez-les dans la brunoise. — Coupez en dés d'un centimètre 100 grammes de croûte de pain à potage et mettez-les dans la soupière. — Ces croûtons, comme le pain de la julienne, doivent avoir été passés au four. — Versez la brunoise dessus et servez.

Les brunoises aux œufs pochés, à la crème au bain-marie, se finissent comme les juliennes.

POTAGE PRINTANIER

Avec une cuiller à légumes d'un demi-centimètre, formez 100 grammes de boules de carottes et 100 grammes de boules de navets, blanchissez-les séparément et égouttez. — Mettez chaque légume dans une petite casserole à part, mouillez avec grand bouillon, ajoutez un petit morceau de sucre et faites glacer les légumes. — Faites ensuite blanchir 100 grammes de pointes d'asperges, 100 grammes de haricots verts coupés en losanges et 100 grammes de petits pois. — Ces légumes blanchis, mêlez-les ensemble et mettez-les dans du consommé. — Au moment de servir, donnez un bouillon aux légumes verts. — Mettez dans la soupière carottes, navets et légumes égouttés, versez le consommé sur le tout et servez.

On garnit ce potage de crème au bain-marie, d'œufs pochés, de petites quenelles formées en boules, et de petits croûtons de pain à potage passés au four.

POTAGE PAYSANNE

Émincez 100 grammes de rouge de carottes, même quantité d'oignons, de navets, de blanc de céleri, 200 grammes de choux et le blanc de 8 poireaux. — Mettez le tout dans une casserole avec 200 grammes de beurre et placez sur un feu gai. — Tournez avec la cuiller de bois jusqu'à ce que les légumes aient pris une couleur rouge. — Mouillez ensuite avec 2 litres de consommé et 1 litre de blond de veau. — Faites bouillir. — Au premier bouillon, mettez sur le coin du fourneau et laissez cuire à très-petits bouillons. — Ayez soin de dégraisser à mesure que le beurre monte à la surface. — Une heure avant de retirer du feu, ajoutez une pluche d'oseille et de laitue. — Taillez des croûtons ronds de 2 centimètres avec de la croûte de pain à potage, passez-les au four, mettez-les dans la soupière et versez le potage dessus. — On garnit ce potage avec des œufs pochés ou avec de la crème au consommé prise au bain-marie.

POTAGE COLBERT

Avec une cuiller à légumes d'un centimètre et demi, formez 20 boules de carottes et 20 boules de navets. — Faites 20 bouquets de choux-fleurs de même grosseur et ajoutez un égal nombre de choux de Bruxelles et de petits oignons. — Blanchissez tous ces légumes à l'eau de sel. — Réservez choux-fleurs et choux de Bruxelles. — Faites cuire et glacer séparément carottes, oignons et navets. — Lorsque les légumes sont prêts, mettez-les dans la soupière, versez dessus 3 litres de consommé et servez à part 12 œufs pochés.

POTAGE VERTPRÉ

Mettez dans une casserole 3 litres de consommé et faites bouillir. — Au premier bouillon, ajoutez 100 grammes de tapioca et laissez cuire pendant vingt minutes à casserole couverte. — Préparez 125 grammes de pointes d'asperges, 125 grammes de petits pois et 125 grammes de haricots verts coupés en losanges et faites blanchir jusqu'à complète cuisson ces légumes dans de l'eau de sel. — Égouttez-les et mettez-les dans la soupière. — Écumez le tapioca, versez-le sur les légumes et servez.

POTAGE DE CÉLERI A LA ROYALE

Prenez 8 pieds de céleri, retirez toutes les branches vertes et dures et coupez les blanches en petits carrés d'un centimètre jusqu'à concurrence de 500 grammes. — Lavez, faites blanchir, égouttez et laissez dégorger dans l'eau froide pendant deux heures. — Égouttez alors de nouveau. — Mettez dans une casserole, couvrez de grand bouillon, ajoutez un petit morceau de sucre et faites tomber le céleri sur glace. — Mouillez avec 3 litres de consommé et laissez cuire sur le coin du fourneau pendant une heure. — Faites une crème au consommé. — Démoulez, coupez la crème en petits dés et mettez ceux-ci dans la soupière. — Écumez le céleri, versez-le doucement sur la crème et servez.

POTAGE AUX LAITUES FARCIES

Prenez 8 laitues, retirez toutes les feuilles dures et faites blanchir. — Égouttez, rafraîchissez, égouttez de nouveau et pressez. — Coupez les laitues en deux dans le sens de la longueur, étalez-les, assaisonnez-les légèrement de sel, poivre et muscade et ficelez-les. — Foncez une casserole plate de bardes de lard, rangez les laitues dessus et couvrez-les de bardes de lard. — Versez du grand bouillon pour les couvrir, ajoutez un bouquet de persil garni, 1 carotte, 1 oignon piqué d'un clou de girofle et laissez cuire à petits bouillons pendant deux heures. — La cuisson terminée, égouttez les laitues dans une passoire, étalez-les sur une serviette et laissez-les refroidir. — Aplatissez chaque moitié, ôtez le trognon et garnissez chaque moitié de farce de volaille. — Reployez les bords des laitues pour enfermer la farce et rangez-les dans un plat à sauter beurré. — Au moment de servir, faites pocher les laitues au four, glacez-les à la glace de volaille et dressez-les à plat sur un plat. — Faites bouillir 1 litre de consommé et 1 litre de blond de veau, versez dans une soupière et servez les laitues à part.

Ce potage se fait aussi sans farce dans les laitues.

POTAGE AUX CHOUX FARCIS

Prenez un petit chou frisé, ôtez-en les feuilles dures et faites-le blanchir. — Une fois blanchi, faites-le dégorger pendant deux heures dans de l'eau, égouttez-le et pressez-le pour en faire sortir l'eau. — Enlevez le cœur, mettez à sa place de la farce de galantine, couvrez de bardes de lard et ficelez. — Mettez le chou ainsi préparé dans une casserole, couvrez-le de grand bouillon et ajoutez un bouquet de persil, 1 oignon et 1 carotte. — Faites cuire pendant trois heures à petit feu. — Égouttez ensuite le chou, épongez-le dans une serviette, mettez-le sur un plafond beurré, déficelez-le et glacez-le à la glace de viande.—Mettez-le enfin dans une casserole à légumes et servez dans la soupière 3 litres de consommé bouillant.

AUTRE POTAGE AUX CHOUX FARCIS

Faites blanchir et dégorger pendant deux heures 12 feuilles de chou blanc bien tendre. —Faites-les cuire dans du grand bouillon, égouttez-les sur une serviette et laissez-les refroidir. — Étalez les feuilles de chou et couvrez-les d'une couche de farce de volaille à une épaisseur d'un centimètre. — Roulez les feuilles et mettez-les dans un plat à sauter beurré. — Au moment de servir, faites pocher au four. — Coupez ensuite sur le travers des morceaux de 2 centimètres de large, dressez-les sur un plat et servez une soupière de consommé bouillant.

POTAGE NIVERNAIS

Tournez 100 olives dans le rouge de carottes en leur donnant 2 centimètres de long sur 1 de large. — Faites-les blanchir, égouttez, rafraîchissez, égouttez de nouveau et mettez dans une casserole. — Couvrez les carottes de grand bouillon, ajoutez-y un petit morceau de sucre, faites cuire et glacer. — Mettez-les dans la soupière et versez dessus 2 litres de consommé et 1 litre de blond de veau. — Servez à part 60 croûtons faits avec de la croûte de pain à potage et passés au four.

POTAGES COMPOSÉS AU CONSOMMÉ

POTAGE DE NAVETS A LA CHATRE

Avec une cuiller à légumes d'un centimètre et demi levez 100 boules de navets. — Passez-les à la poêle avec beurre et sucre. — Sautez-les fréquemment, afin qu'elles prennent une couleur uniforme. — Mettez-les dans une casserole avec consommé, faites cuire et glacer. — Lorsqu'elles sont cuites, mettez-les dans la soupière avec 3 litres de consommé. — Servez à part des croûtons faits avec de la croûte de pain à potage.

JULIENNE DE GIBIER

Levez les filets d'une bécasse et d'un perdreau. — Faites-les sauter et mettez-les en presse. — Lorsqu'ils sont refroidis, coupez-les en julienne de 2 centimètres de long sur un demi-centimètre de large. — Mettez dans la casserole le perdreau et la bécasse, un bouquet de persil garni de thym et de laurier et 1 oignon piqué d'un clou de girofle. — Ajoutez 3 litres de consommé, faites bouillir et écumez. — Au premier bouillon, mettez sur le coin du fourneau jusqu'à ce que le gibier soit cuit. — Retirez alors le gibier, dégraissez et passez à la serviette. — Mettez le consommé dans une casserole, liez-le avec du tapioca et faites cuire pendant vingt minutes. — Versez-le ensuite dans la soupière, ajoutez la julienne de gibier et servez croûtons à part.

POTAGE AUX ROMAINES

Prenez 10 romaines, retirez les premières feuilles et laissez les cœurs de la grosseur de 8 centimètres. — Faites-les blanchir, rafraîchissez, égouttez, pressez et ficelez. — Foncez une casserole de bardes de lard, rangez les romaines dessus et couvrez-les de bardes de lard et d'une couche de consommé de 4 centimètres d'épaisseur. — Faites cuire à petit feu. — Les romaines cuites, retirez-les de la cuisson, égouttez-les sur une serviette, pressez et parez-les. — Mettez-les dans un plat à sauter légèrement beurré. — Au moment de servir, faites chauffer les romaines à la bouche du four, glacez-les à la glace de volaille, dressez-les sur un plat d'entremets et servez dans une soupière 2 litres de consommé.

POTAGE GRIMOD DE LA REYNIÈRE

Mettez dans une marmite 1 chapon et 2 pigeons. — Retroussez comme pour entrée 1 kilogr. de bœuf. — Remplissez la marmite de bouillon, faites bouillir, écumez et garnissez avec 2 carottes, 2 oignons dont un piqué de 2 clous de girofle, 1 branche de céleri et une pincée de sel.

Faites une garniture avec 6 laitues, 12 petites ca-

POTAGES COMPOSÉS AU CONSOMMÉ 53

rottes, 12 petits oignons et autant de navets. — Lorsque le chapon et les pigeons sont cuits, retirez-les de la marmite. — Dressez le chapon sur un plat, un pigeon de chaque côté et les laitues autour; sur les laitues, formez des bouquets avec les petits légumes. — Dégraissez le consommé, passez-le à la serviette et servez une soupière de ce consommé à part.

POTAGE AUX NIDS D'HIRONDELLES

Ce potage est d'origine chinoise. Il se fait avec le nid d'une hirondelle nommée salangane, qui le construit sur les rochers qui bordent la mer. Ce nid, formé d'une substance gélatineuse, est insipide par lui-même : il doit toute sa saveur à l'excellent consommé qui sert à sa préparation. On compte généralement 1 nid pour 2 personnes.

Mettez tremper dans l'eau froide 6 nids d'hirondelles pendant douze heures. — Ensuite faites-les égoutter, mettez-les sur une serviette et retirez toutes les petites plumes. — Lavez à plusieurs eaux, en ayant soin d'enlever les dernières plumes restées dans la substance des nids; ce travail exige beaucoup de soin et de patience. — Les nids bien nettoyés, mettez-les dans une casserole, couvrez-les de bouillon et faites-les cuire pendant une heure et demie. — Égouttez les nids. — Faites bouillir 2 litres 1/2 d'empotage (p. 25), mettez-y les nids, donnez un bouillon, écumez et servez.

POTAGE DE RAVIOLES A LA FRANÇAISE

Passez au tamis 200 grammes de farine, faites un trou au milieu; mettez-y une pincée de sel, une cuillerée à bouche de lait, 4 jaunes d'œufs et pétrissez. — Ajoutez du lait pour obtenir une pâte ferme et laissez reposer. — Abaissez cette pâte très-mince, coupez-y des ronds avec un coupe-pâte godronné de 5 centimètres, et mouillez légèrement. — Mettez sur chaque rond une quenelle de farce de volaille, de la grosseur d'une aveline. — Dix minutes avant de servir, faites pocher les ravioles dans du consommé, égouttez-les, mettez-les dans la soupière et versez dessus 2 litres 1/2 de consommé de volaille. — Servez à part fromage de Parmesan râpé.

POTAGE AUX ŒUFS DE VANNEAU

Faites une julienne avec racines de persil et blanc de céleri. Pour cela, coupez le blanc de 3 pieds de céleri en grosse julienne et ajoutez même quantité de racines de persil. — Faites blanchir et glacer séparément. — Faites pocher 15 œufs de vanneau, mettez les racines dans la soupière et saupoudrez-les d'une cuillerée à bouche de fenouil haché. — Versez 2 litres 1/2 de consommé bouillant dans la soupière. — Servez les œufs pochés à part.

NIOCCI AU CONSOMMÉ

Mettez dans une casserole 1 décilitre d'eau, une petite prise de sel, une pincée de poivre blanc et 25 grammes de beurre. — Mettez sur le feu et, au premier bouillon, retirez la casserole. — Ajoutez de la farine pour obtenir une pâte ferme, 30 grammes de Parmesan râpé et mêlez avec une cuiller de bois. — Remettez sur le feu et desséchez pendant une minute, en tournant avec la cuiller pour empêcher la pâte de s'attacher au fond de la casserole. — Cassez 2 œufs dans une terrine et mêlez-les en trois fois à la pâte : si celle-ci était trop ferme, on ajouterait un peu d'œuf.

Ayez une poche en toile munie d'une douille d'un centimètre et mettez-y la pâte. — Faites bouillir du consommé. — Tenant ensuite la poche de la main gauche, coupez avec la main droite des morceaux d'un centimètre. — Laissez pocher, égouttez, mettez dans la soupière et versez dessus 2 litres de consommé. — Servez à part fromage de Parmesan râpé.

POTAGE AUX TROIS RACINES

Faites une julienne avec parties égales de racines de persil, de racines de céleri et de rouge de carottes. — Faites blanchir ces légumes séparément, égouttez-les et mettez-les tout de suite, sans les rafraîchir, dans une casserole avec beurre. — Faites prendre couleur sur le feu en remuant avec la cuiller de bois. — Lorsque les racines sont rouges, mouillez légèrement et faites glacer. — Mouillez ensuite avec du consommé et laissez mijoter sur le coin du fourneau. — Après une demi-heure d'ébullition, écumez. — Servez des œufs pochés à part.

POTAGE DE POIREAUX AU MACARONI

Coupez en grosse julienne 300 grammes de blanc de poireaux, passez-les au beurre, et lorsqu'ils sont colorés, mouillez légèrement avec du consommé et faites glacer. — Les poireaux une fois glacés, mouillez avec 3 litres de consommé et laissez mijoter sur le coin du fourneau pendant une demi-heure. — Blanchissez alors 150 grammes de petit macaroni, égouttez-le, rafraîchissez-le, égouttez-le de nouveau et coupez-le en morceaux de 2 centimètres de longueur. — Mettez le macaroni dans une casserole avec consommé et finissez de le cuire. — Écumez le potage, égouttez le macaroni, mettez-le dans la soupière et versez le potage. — Assurez-vous s'il est suffisamment salé. — Servez fromage de Parmesan à part.

POTAGE AUX TROIS CRÈMES

Blanchissez 500 grammes de rouge de carottes. — Mettez-le dans une casserole, mouillez avec con-

POTAGES COMPOSÉS AU CONSOMMÉ

sommé de volaille et faites cuire à feu doux. — Les carottes cuites, passez-les à l'étamine de soie[1]. On doit avoir obtenu au moins 1 décilitre de purée.

Mettez ensuite 5 jaunes d'œufs dans une terrine, avec une pincée de sel et une prise de muscade. — Mêlez-les avec 2 décilitres de consommé de volaille. — Passez le tout à l'étamine de laine, ajoutez-le à la purée et mêlez parfaitement. — Beurrez un moule uni qui puisse contenir la crème et faites prendre au bain-marie, en ayant soin surtout de ne pas laisser bouillir le bain. — Faites une crème semblable avec purée d'asperges vertes et purée de navets.

Lorsque ces trois crèmes sont bien refroidies, démoulez-les, coupez-les en dés et mettez-les dans la soupière avec du consommé de volaille.

Si la purée de carottes n'était pas d'un beau rouge, il faudrait y ajouter une pointe de carmin. Pour la purée d'asperges, on ajouterait du vert d'épinards passé au tamis de soie.

---

[1]. M. Guignard, cuisinier du baron de Rothschild, s'est servi le premier de ces étamines, qui rendent le travail plus rapide et plus facile.

CHAPITRE VIII

GARBURES

GARBURE DE CHOUX AU FROMAGE

Parez, lavez et faites blanchir 2 kilogr. de choux. — Égouttez, rafraîchissez et laissez dégorger pendant deux heures. — Égouttez ensuite une seconde fois, pressez, assaisonnez et ficelez les choux en quatre parties. — Mettez-les dans une casserole et couvrez-les de bouillon. — Ajoutez 3 décilitres de bonne graisse, 2 carottes et 2 oignons, dont un piqué de 2 clous de girofle. — Faites bouillir et, au premier bouillon, couvrez la casserole, afin que la cuisson se fasse lentement. — La cuisson terminée, retirez carottes et oignons, égouttez et pressez les choux.

Prenez alors une casserole à légumes, en argent ou en terre cuite allant au feu. — Mettez dans le fond d'abord un lit de choux, puis un lit de pain et enfin une couche de fromage râpé, et continuez ainsi jusqu'à ce que la casserole soit aux trois quarts remplie, en finissant par du fromage râpé. — Couvrez le pain et les choux avec la cuisson. — Passez au tamis de soie et faites gratiner. — Servez une soupière de consommé à part et une assiette de fromage de Parmesan râpé.

GARBURE AUX LAITUES

Préparez 24 laitues comme pour le potage aux laitues farcies. — Lorsqu'elles sont cuites, égouttez-les et garnissez une casserole à légumes avec laitue et pain comme il est dit à la garbure de choux. — Faites gratiner, mais ne mettez pas de fromage. — Servez une soupière de consommé à part.

GARBURE A LA VILLEROY

Coupez en gros dés le rouge de 12 carottes, 12 navets, 12 poireaux, 12 oignons et le blanc de 6 pieds de céleri.—Mettez dans une casserole 300 grammes de beurre et tous les légumes et faites-leur prendre couleur. — Épluchez et lavez 6 laitues et coupez-les en grosse chiffonnade. — Quand les légumes ont pris couleur, ajoutez les laitues et une poignée de pluche de cerfeuil et mouillez avec du consommé pour couvrir entièrement les légumes. — Lorsqu'ils sont bien glacés, prenez une casserole à légumes, mettez dans le fond une couche de légumes, une de mie de pain, et ainsi de suite jusqu'à ce que la casserole soit presque remplie. — Ajoutez 1 décilitre de bonne graisse clarifiée et faites gratiner. — Servez une soupière de consommé à part.

GARBURE DE CHOUX-FLEURS AU FROMAGE

Épluchez 2 gros choux-fleurs ou 4 moyens et faites-les blanchir. — A mi-cuisson, égouttez-les, mettez-les aussitôt dans une autre casserole avec du consommé et finissez de les cuire. — Ensuite égouttez-les, pressez-les légèrement, puis mettez dans le fond d'une casserole à légumes un lit de choux-fleurs; saupoudrez de Parmesan râpé; ajoutez un lit de pain, une couche de fromage, et continuez ainsi jusqu'à ce que la casserole soit presque pleine. — Arrosez avec 1 décilitre de bonne graisse et faites gratiner. — Servez une soupière de consommé et fromage de Parmesan râpé à part.

GARBURE AU POTIRON

Coupez 15 morceaux de potiron, en leur donnant une forme ovale, de 6 centimètres de longueur sur 4 de largeur et 2 d'épaisseur. — Faites-les blanchir, égouttez et rangez-les dans un plat à sauter beurré et légèrement salé. — Mouillez avec du lait et faites cuire doucement. — Blanchissez les parures, égouttez-les et mettez-les dans une casserole avec 200 grammes de mie de pain à potage. — Ajoutez lait, sel, muscade et poivre. — Faites avec ces parures une panade assez consistante. — Les morceaux de potiron cuits, faites un égal nombre de croûtons ayant même grandeur et même épaisseur avec de la mie de pain de seigle. — Foncez une casserole avec la panade, rangez sur celle-ci potiron et croûtons en couronne avec le reste de la panade. — Arrosez avec du beurre très-fin et fondu la couronne de pain et le potiron et faites gratiner. — Servez à part dans une soupière de la crème bouillante très-peu salée.

On peut faire cette garbure au consommé ou au sucre. Pour le consommé, même travail et même assaisonnement que ci-dessus. — Pour la garbure au sucre, remplacez le poivre et la muscade par du sucre additionné d'une petite quantité de sel.

GARBURE D'OIGNONS AU FROMAGE

Épluchez et lavez 30 gros oignons, coupez-les en deux, retirez-en les parties dures et émincez-les. — Mettez-les dans une casserole avec 300 grammes de beurre, faites-leur prendre couleur, et lorsqu'ils sont devenus rouges, mouillez-les avec du consommé et faites-les glacer. — Prenez ensuite une casserole à légumes, mettez dans le fond une couche d'oignons, puis une autre de tranches de pain; ajoutez un second lit d'oignons jusqu'à ce que la casserole soit presque pleine. — Arrosez avec graisse clarifiée et faites prendre couleur au four. — Servez à part une soupière de consommé et une assiette de Parmesan râpé.

CHAPITRE IX

POTAGES A LA PURÉE DE LEGUMES [1].

PURÉE DE CARDES DE POIRÉE

Ayez 1 botte de cardes de poirée. — Coupez les feuilles vertes, faites-les blanchir, égouttez, rafraîchissez, égouttez de nouveau et pressez. — Mettez dans une casserole et mouillez avec 1 litre de consommé de volaille. — Ajoutez 200 grammes de mie de pain à potage et faites cuire à petit feu. — Épluchez et lavez le blanc de la poirée, faites blanchir, rafraîchissez, égouttez et coupez les cardes en petits carrés de 8 millimètres. — Mettez dans une casserole avec consommé de volaille et faites cuire à feu doux. — Passez les feuilles à l'étamine. — Mettez la purée dans une casserole avec 4 décilitres de velouté réduit. — Mouillez la purée à point avec consommé de volaille et laissez mijoter pendant vingt-cinq minutes sur le coin du fourneau. — Égouttez les cardes, mettez-les dans la soupière avec 100 grammes de beurre fin. — Écumez la purée et

---

1. Voyez, page 146, les observations sur les purées.

versez-la dessus. — Vannez légèrement avec la cuiller pour mêler et servez.

Si le potage n'était pas d'un beau vert, on ajouterait du vert d'épinards passé au tamis de soie.

PURÉE DE HARICOTS ROUGES AU RIZ

Triez et lavez 1 litre 1/2 de haricots rouges. — Mettez-les dans une marmite, avec grand bouillon, 1 oignon, 1 carotte, un bouquet de persil garni de thym et de laurier et 200 grammes de mie de pain à potage. — Faites bouillir. — L'ébullition commencée, couvrez le feu et faites mijoter doucement. — Lorsque les légumes sont bien cuits, — il faut qu'ils soient assez tendres pour qu'on ne soit pas obligé de les piler, — égouttez et passez à l'étamine. — Mettez la purée dans une casserole et mouillez-la avec consommé de gibier. — Faites bouillir la purée en la remuant avec la cuiller de bois. — Au premier bouillon, mettez la purée sur cendre rouge et laissez-la une heure à casserole couverte : cette opération fait rougir la purée et lui donne une belle couleur.

Lavez et faites blanchir 150 grammes de riz. — Faites-le cuire pendant vingt minutes, après l'avoir mouillé avec consommé de gibier. — Mettez ensuite le riz dans la soupière et versez-y un peu de purée après l'avoir écumée. — Mêlez le riz, puis versez le reste de la purée et servez.

PURÉE DE HARICOTS ROUGES AUX PATES D'ITALIE

Faites une purée de haricots comme la précédente. Remplacez le riz par des pâtes d'Italie cuites dans du consommé de gibier.

PURÉE DE HARICOTS ROUGES AUX CROUTONS

Même préparation pour la purée. Remplacez le riz par des croûtons de mie de pain frits dans le beurre.

PURÉE DE HARICOTS BLANCS AU RIZ

Lavez et faites cuire 1 litre de haricots blancs. — Ajoutez 1 oignon, 1 carotte, et 200 grammes de mie de pain à potage. — Faites bouillir, puis mettez sur le coin du fourneau, afin qu'ils cuisent lentement. — Passez ensuite à l'étamine. — Mettez la purée dans une casserole, mouillez avec consommé de volaille, tournez sur le feu avec la cuiller et mettez sur le coin du fourneau, en ayant soin d'écumer de temps en temps. — Faites crever 100 grammes de riz dans du grand bouillon, égouttez-le et mettez-le dans la soupière. — Versez la purée et 2 décilitres de très-bonne crème. — Remuez et servez.

PURÉE DE HARICOTS BLANCS AUX POINTES D'ASPERGES

Préparez une purée comme la précédente. — Remplacez le riz par des pointes d'asperges vertes que vous aurez fait cuire à l'eau de sel. — Finissez de même et servez.

PURÉE DE HARICOTS BLANCS AUX CROUTONS

Même préparation que pour les potages précédents. — Remplacez le riz par des croûtons de pain de mie frits au beurre clarifié.

PURÉE DE HARICOTS BLANCS AUX PETITS POIS

Faites une purée de haricots comme la purée de haricots au riz et remplacez le riz par 1 litre de petits pois.

PURÉE DE HARICOTS BLANCS GARNIE DE CAROTTES

Faites une purée de haricots blancs comme la purée au riz et remplacez le riz par des carottes poussées à la colonne et cuites dans du consommé de volaille avec une pointe de sucre. — Finissez comme la purée de haricots au riz.

PURÉE DE POMMES DE TERRE AUX HARICOTS VERTS

Épluchez des pommes de terre de manière à avoir 1 litre de purée. — Mettez-les dans une casserole, couvrez-les d'eau et ajoutez une pincée de sel. — Faites cuire. — La cuisson à moitié faite, jetez l'eau et finissez de faire cuire sur feu doux ou au four.

Les pommes de terre une fois cuites, passez-les au tamis, puis mettez-les dans une casserole avec 2 litres de consommé de volaille, 200 grammes de mie de pain à potage et 5 décilitres de velouté réduit (voyez à l'Appendice).— Faites cuire à petits bouillons sur le coin du fourneau. — Après une heure de cuisson, écumez, repassez à l'étamine, mettez dans une casserole et faites dépouiller sur le coin du fourneau.

Coupez des haricots verts en losange, faites-les cuire à l'eau de sel, égouttez-les et mettez-les dans la soupière. — Écumez le potage, versez-le dans la soupière et ajoutez 2 décilitres de très-bonne crème. — Servez.

PURÉE DE POMMES DE TERRE GARNIE D'UNE NIVERNAISE

Préparez une nivernaise comme il est dit au potage nivernais. — Faites une purée comme la précédente, mettez les carottes dans la soupière et versez la purée dessus. — Finissez avec crème et servez.

PURÉE DE POMMES DE TERRE AUX PETITS POIS

Préparez une purée comme la purée aux haricots verts, remplacez les haricots par 1 litre de pois fins et finissez de même.

PURÉE DE POMMES DE TERRE A LA CHIFFONNADE

Préparez une purée de pommes de terre comme les précédentes. — Faites une chiffonnade avec laitues, oseille et cerfeuil. — Lorsqu'elle est blanchie, pressez-la légèrement et mettez-la dans la purée. — Servez.

PURÉE DE LENTILLES AUX CROUTONS

Triez 1 litre de lentilles, mettez-les dans une casserole avec 2 litres de grand bouillon, 1 oignon, 1 carotte, un bouquet assaisonné et 200 grammes de mie de pain à potage et faites cuire. — Lorsque la cuisson est terminée, passez à l'étamine, remettez la purée dans une casserole, mouillez-la à son point avec consommé et tournez sur le feu avec la cuiller de bois. — Au premier bouillon, mettez mijoter lentement pendant une heure sur le coin du fourneau. — Écumez alors la purée, versez-la dans la soupière et servez à part des croûtons frits dans le beurre clarifié.

PURÉE DE LENTILLES AU RIZ

Préparez une purée comme la précédente. — Mouillez-la avec consommé de gibier au lieu de consommé de volaille. — Faites blanchir 100 grammes de riz et mettez-le cuire dans du consommé de gibier. — Mettez dans la soupière, écumez la purée, versez-la sur le riz et servez.

PURÉE DE LENTILLES A LA REINE AUX PATES D'ITALIE

Ayez 1 litre 1/2 de lentilles à la reine. — Marquez-les et faites la purée comme la purée de lentilles ordinaire. — Faites blanchir 125 grammes de pâtes d'Italie, rafraîchissez-les et faites-les cuire dans du consommé. — Mêlez à la purée, écumez et servez.

PURÉE DE LENTILLES A LA REINE A LA PLUCHE DE CERFEUIL ET AUX CROUTONS

Même travail que pour la précédente. — Ajoutez une pluche de cerfeuil et remplacez les pâtes d'Italie par des croûtons frits dans le beurre.

PURÉE DE TOPINAMBOURS AUX CROUTONS

Faites cuire des topinambours en quantité suffisante pour donner 1 litre de purée. — Détendez cette purée avec 2 litres de consommé de volaille, mettez-la sur le feu et tournez avec la cuiller de bois jusqu'au moment de l'ébullition. — Placez-la alors sur le coin du fourneau. Une heure après, écumez la purée et versez-la dans la soupière. — Ajoutez 2 décilitres de crème double et 100 gram mes de beurre fin. — Vannez avec la cuiller pour bien mêler. — Servez à part des croûtons de pain frits dans du beurre clarifié.

PURÉE DE TOPINAMBOURS AU RIZ

Même préparation que pour la purée de topinambours aux croûtons. — Remplacez les croûtons par du riz et finissez avec crème et beurre.

PURÉE DE TOPINAMBOURS A LA PLUCHE DE FENOUIL

Ce potage se fait comme la purée de topinambours aux croûtons. On tient seulement la purée plus liée et on ajoute une pluche de fenouil au moment de servir.

PURÉE D'OIGNONS BLANCS AU RIZ

Épluchez 24 gros oignons, émincez-les, blanchissez, rafraîchissez et laissez dégorger pendant deux heures. — Égouttez-les et mettez-les dans une casserole avec 125 grammes de beurre. — Passez à blanc. — Mouillez avec 2 litres de consommé de volaille, 1 litre 1/2 de béchamel (voyez à l'Appendice la recette de la béchamel) et 250 grammes de pain à potage. — Tournez sur le feu avec la cuiller de bois. — Au premier bouillon, mettez sur feu doux pendant une heure. — Ayez soin d'écumer. — Passez ensuite à l'étamine. — Remettez dans une casserole et faites bouillir. — Faites crever 100 grammes de riz dans du consommé de volaille. — Versez le riz dans la soupière, ainsi que la purée et 2 décilitres de crème. — Mêlez avec la cuiller et servez.

PURÉE D'OIGNONS BLANCS AUX POINTES D'ASPERGES

Préparez une purée d'oignons comme la précédente. — Remplacez le riz par des pointes d'asperges et finissez de même.

PURÉE D'OIGNONS BRUNS AU MACARONI

Préparez 24 oignons comme les précédents, mettez-les sur le feu et faites-leur prendre une belle couleur rouge, en les tournant de temps en temps pour qu'ils se colorent uniformément. — Lorsqu'ils sont à point, mettez 1 litre de consommé, 1 litre de blond de veau, 200 grammes de mie de pain à potage et 1 demi-litre d'espagnole (voyez à l'Appendice la recette de l'espagnole). — Tournez sur le feu et, au premier bouillon, mettez sur le coin du fourneau. — Une heure après, écumez et passez à l'étamine.

Faites blanchir 100 grammes de petit macaroni, rafraîchissez-le et coupez-le en morceaux d'un centimètre de longueur. — Remettez-le dans une casserole et mouillez avec consommé. — Achevez de le cuire, égouttez-le et mettez-le dans la soupière. — Versez la purée dessus et servez à part fromage de Parmesan râpé.

PURÉE D'OIGNONS BRUNS GARNIE DE CÉLERI-RAVE

Préparez une purée d'oignons bruns comme la précédente. — Coupez en dés de la racine de céleri-rave de manière à en avoir 3 décilitres et faites blanchir. — Mettez dans une casserole, couvrez de consommé, ajoutez un petit morceau de sucre, faites cuire et glacer. — Mettez le céleri dans la soupière, écumez la purée, versez-la sur le céleri et servez.

PURÉE DE CARDONS GARNIE DE CARDONS

Prenez 1 pied de cardon de Tours : c'est la variété la plus estimée. — Parez-le et ne prenez que les parties tendres. — Faites-les blanchir, rafraîchissez, égouttez et retirez la pelure filandreuse qui les recouvre. — Mettez-les dans une casserole que vous aurez foncée de bardes de lard. — Mouillez avec un blanc fait avec graisse de bœuf, farine, eau, persil, thym, laurier, sel et chair de citron. — Mettez un rond de papier dessus et laissez sur le feu jusqu'à entière cuisson. — Laissez ensuite refroidir dans la cuisson et égouttez.

Coupez les parties les plus tendres en dés de manière à en avoir 3 décilitres. — Mettez ce qui reste dans une casserole avec 1 litre de consommé de volaille, 5 décilitres de velouté et 200 grammes de mie de pain à potage. — Faites mijoter jusqu'à ce que les cardons s'écrasent sous le doigt, dégraissez et passez à l'étamine. — Remettez la purée dans une casserole et mouillez-la à son point avec consommé de volaille. — Tournez sur le feu et, au premier bouillon, mettez sur le coin du fourneau. — Au bout d'une heure, mouillez la garniture et mettez-la au bain-marie. — Au moment de servir, égouttez la garniture et mettez-la dans la soupière. — Dégraissez la purée, versez-la également dans la soupière et mêlez-y 2 décilitres de crème double.

PURÉE DE CARDONS AUX PETITS POIS

Préparez une purée de cardons comme la précédente. — Faites cuire 1 litre de pois fins à l'eau de sel, égouttez-les et mettez-les dans la soupière. — Versez la purée dessus et ajoutez 100 grammes de beurre très-fin. — Mêlez avec la cuiller jusqu'à ce que le beurre soit fondu. — Servez.

PURÉE DE CARDONS AUX POINTES D'ASPERGES ET AUX CAROTTES

Poussez à la colonne, sur une grosseur de 1 centimètre 1/2 et une longueur de 8 millimètres, du rouge de carottes de manière à en avoir 1 décilitre et coupez des asperges vertes à la même longueur que les carottes. — Blanchissez celles-ci, égouttez-les, rafraîchissez-les et faites-les cuire dans du grand bouillon avec un petit morceau de sucre. — Faites cuire les asperges à l'eau de sel. — Préparez une purée comme il est dit plus haut (p. 71). — Égouttez carottes et asperges et mettez-les dans la soupière. — Versez-y la purée et ajoutez 100 grammes de beurre très-fin. — Mêlez parfaitement et servez.

PURÉE DE CARDONS A LA FAUBONNE

Préparez une purée comme la purée garnie de cardons. — Coupez en julienne racines de persil, racines de céleri et rouge de carottes de manière à avoir 1 décilitre de chaque légume après cuisson. — Faites blanchir et cuire séparément chacune des racines. — Préparez une purée de cardons comme il est dit plus haut (p. 71). — Au moment de servir, ajoutez à la purée une chiffonnade d'oseille et de laitue cuite à part. — Égouttez les racines et la chiffonnade et mettez-les dans la soupière. — — Versez la purée dessus, ajoutez 100 grammes de beurre très-fin, mêlez et servez.

PURÉE DE TOMATES AUX ŒUFS POCHÉS

Prenez 1 kilogr. de tomates, retirez-en les parties vertes, cassez-les en morceaux et mettez-les dans une casserole. — Ajoutez 2 gros oignons, 1 gousse d'ail, 2 échalotes, un bouquet de persil garni de thym et de laurier et 1 décilitre d'eau. — Mettez sur feu modéré et tournez de temps en temps jusqu'à ce que les tomates soient bien fondues. — Mettez-les sur un tamis et retirez le bouquet, l'ail et l'oignon. — Lorsqu'elles sont bien égouttées, remettez-les dans une casserole avec 1 litre de consommé et 200 grammes de mie de pain à potage. — Mettez ensuite sur le feu et faites cuire très-doucement, en évitant que les tomates ne s'attachent. — Lorsque le pain est réduit en bouillie, passez à l'étamine. — Remettez dans une casserole, mouillez la purée à point avec consommé de volaille, tournez sur le feu et, au premier bouillon, mettez sur le coin du fourneau pendant une demi-heure. — Écumez deux ou trois fois. — Faites pocher 12 œufs et servez-les dans une casserole à légumes. — Écumez la purée et mettez-la dans la soupière. — Servez les œufs à part.

PURÉE DE TOMATES AUX ŒUFS FRITS

Préparez cette purée comme la purée de tomates aux œufs pochés. — Faites frire des œufs et servez-les à part.

PURÉE DE TOMATES AU RIZ

Préparez une purée comme les précédentes, garnissez-la avec 100 grammes de riz blanchi et crevé dans du consommé de volaille.

PURÉE DE TOMATES GARNIE DE NOUILLES

Faites 200 grammes de pâte à nouilles et abaissez-la très-mince. — Coupez les nouilles très-fin et faites-les blanchir dans du bouillon. — Égouttez-les, mettez-les dans la soupière et versez dessus une purée de tomates préparée comme les précédentes. — Servez à part du fromage de Parmesan râpé.

PURÉE D'ARTICHAUTS AUX CROUTONS

Prenez 12 gros artichauts, les plus tendres possible, retirez-en toutes les feuilles et ne laissez que le fond. — Faites blanchir, rafraîchissez, retirez le foin, parez les fonds et faites-les cuire dans un blanc comme les cardons. — Lorsqu'ils s'écrasent facilement sous le doigt, égouttez-les, pilez-les et remettez-les dans une casserole avec 1 demi-litre de béchamel (voyez à l'Appendice la recette de la béchamel), 1 demi-litre de consommé de volaille et 200 grammes de mie de pain à potage cuite. — Passez à l'étamine, remettez dans une casserole, mouillez la purée à point et tournez sur le feu jusqu'au premier bouillon. — Placez alors sur le coin du fourneau pendant une demi-heure, écumez et versez dans la soupière. — Ajoutez 2 décilitres de crème, mêlez et servez à part des croûtons de pain de mie frits dans le beurre.

PURÉE D'ARTICHAUTS AUX PETITS POIS

Préparez une purée d'artichauts comme la précédente. — Remplacez les croûtons par 1 litre de petits pois cuits à l'eau de sel. — Finissez comme ci-dessus et servez.

PURÉE D'ARTICHAUTS A LA FAUBONNE

Mêmes proportions et même travail que pour la purée de cardons à la faubonne (p. 73) : il suffit de remplacer cette dernière purée par de la purée d'artichauts (p. 75).

PURÉE D'ARTICHAUTS GARNIE DE CAROTTES

Taillez du rouge de carottes en dés de 8 millimètres, de manière à en avoir 3 décilitres après cuisson. — Faites-les cuire dans du consommé de volaille, en ajoutant un petit morceau de sucre. — Préparez une purée comme la précédente. — Égouttez les carottes et mettez-les dans la soupière. — Versez-y la purée et ajoutez 100 grammes de beurre fin. — Mêlez et servez.

PURÉE DE POIS SECS AUX CROUTONS

Triez et lavez 1 litre de pois secs. — Mettez-les dans la marmite avec 2 litres d'eau, 1 oignon, 1 carotte, un bouquet de persil garni de thym et de laurier, une pincée de sel et 10 grammes de sucre. — Faites cuire à petit feu. — Les pois cuits, laissez déposer et égouttez la cuisson. — Retirez bouquet, carotte et oignon.

Mettez ensuite dans une casserole 1 demi-litre de consommé de volaille, 1 demi-litre de béchamel réduite (voyez à l'Appendice) et faites bouillir. — Passez à l'étamine, mouillez la purée à son point et laissez mijoter sur le coin du fourneau pendant vingt minutes. — Écumez et versez dans la soupière. — Ajoutez 50 grammes de beurre très-fin et un beurre vert fait avec du vert d'épinards passé au tamis de soie. — Mêlez avec la cuiller et servez avec croûtons de pain de mie frits au beurre clarifié. — On doit mettre le beurre vert avec précaution, car cette purée doit être d'un vert tendre.

PURÉE DE POIS SECS AU RIZ

Préparez une purée comme la précédente et garnissez-la avec 100 grammes de riz blanchi et cuit au consommé.

POTAGES GRAS

PURÉE DE POIS SECS A LA FAUBONNE

Faites une purée de pois comme la précédente. — Préparez une julienne comme il est dit au potage julienne. — Lorsqu'elle est glacée, mettez-la dans la soupière et versez-y la purée de pois que vous aurez finie comme la purée aux croûtons (p. 77).

PURÉE DE POIS SECS A LA VERTPRÉ

Faites cuire 2 décilitres de pois fins à l'eau de sel, 1 décilitre de pointes d'asperges vertes et 1 décilitre de haricots verts coupés en losanges. — Égouttez ces légumes, mettez-les dans la soupière et versez-y la purée de pois, que vous aurez finie comme la purée aux croûtons (p. 77).

PURÉE DE POIS VERTS AU RIZ

Lavez 3 litres de gros pois frais, écossez-les et mettez-les dans une casserole avec 100 grammes de beurre, 1 oignon, 1 carotte, une pincée de sel, 10 grammes de sucre et 5 décilitres d'eau. — Faites cuire, et lorsque les pois s'écrasent facilement sous le doigt, égouttez, pilez et passez-les à l'étamine, en les mouillant avec leur cuisson. — Mettez-les ensuite dans une casserole et mouillez la purée à son point avec de l'eau et 1 demi-litre de velouté réduit (voyez à l'Appendice la recette du velouté). —

Une demi-heure avant de servir, faites bouillir la purée, en la tournant avec une cuiller pour l'empêcher de s'attacher au fond de la casserole. — Laissez-la une demi-heure sur le coin du fourneau et écumez. — Mettez dans la soupière 100 grammes de riz blanchi et cuit dans du consommé et finissez avec beurre fin. — Quand elle est bien faite, cette purée doit être assez verte pour que l'on ne soit pas obligé d'y mettre du vert d'épinards. Si cependant elle était d'une couleur fausse, le mieux serait d'en ajouter.

PURÉE DE POIS VERTS A LA CHIFFONNADE

Préparez une purée comme la purée de pois verts au riz. — Ajoutez une chiffonnade faite avec oseille, laitue et cerfeuil. — Mettez la chiffonnade dans la soupière, versez la purée dessus, mêlez avec une cuiller et servez.

PURÉE DE POIS VERTS GARNIE DE PETITS POIS

Même préparation que pour la purée de pois verts au riz. — Remplacez le riz par 1 litre de petits pois frais, écossés et cuits à l'eau de sel. — Réservez la cuisson pour mouiller la purée au lieu d'employer de l'eau. — Finissez de même et servez.

PURÉE DE POIS VERTS GARNIE DE CÉLERI-RAVE

Coupez du céleri-rave en dés de 8 millimètres. — Faites blanchir, égouttez, rafraîchissez, faites cuire dans du consommé de volaille et égouttez. — Préparez et finissez une purée de pois comme la précédente. — Mettez le céleri et servez.

PURÉE DE CAROTTES AU RIZ DITE A LA CRÉCY

Grattez et lavez 2 bottées de carottes de manière à obtenir 1 litre de purée. — Émincez le rouge des carottes et ne laissez que le cœur. — Mettez dans une casserole avec 1 litre de consommé de volaille, 1 décilitre d'essence de jambon de Bayonne, 1 oignon, un bouquet garni d'une petite feuille de laurier et d'une petite branche de thym, 200 grammes de mie de pain à potage et 10 grammes de sucre. — Faites cuire à feu doux jusqu'à ce que la carotte s'écrase sous le doigt. — Retirez oignon et bouquet et passez à l'étamine. — Mettez la purée dans une casserole et mouillez-la à son point avec du consommé de volaille. — Mettez sur le feu, tournez avec la cuiller et, au premier bouillon, placez sur cendres rouges pendant une heure. Ce temps doit suffire pour que la purée soit d'un beau rouge. Si cependant elle n'était pas d'une belle couleur, on ajouterait une pointe de rouge végétal

Dans l'intervalle, lavez et blanchissez 100 grammes de riz et faites-le cuire avec consommé de volaille. — Mettez la purée dans la soupière après l'avoir écumée, ajoutez 60 grammes de beurre fin, mettez-y le riz, mêlez parfaitement et servez.

Un grand nombre de mes confrères passent les carottes au beurre avec du jambon de Bayonne coupé en dés. Ce procédé donne, selon moi, au potage une âcreté qu'il faut éviter à tout prix.

PURÉE DE CAROTTES AUX CROUTONS

Préparez une purée comme la précécente. — Finissez-la de la même manière et remplacez le riz par des croûtons de pain de mie frits dans le beurre clarifié, et que vous servirez à part.

PURÉE DE CAROTTES A LA FAUBONNE

Faites 4 décilitres de julienne avec navets, poireaux et céleri en branche. — Faites cuire et glacer. — Faites cuire ensuite à l'eau de sel 1 décilitre de pointes d'asperges vertes et 1 décilitre de petits pois. — Égouttez ces légumes. — Faites une purée de carottes comme la précédente et versez-la dans la soupière. — Ajoutez le beurre et les légumes. — Mêlez et servez.

PURÉE DE CAROTTES AUX PATES D'ITALIE

Faites blanchir 200 grammes de pâtes d'Italie dites graines de melon, égouttez-les et mettez-les tout de suite dans la casserole. — Mouillez avec du consommé de volaille, en remuant avec la cuiller pour empêcher la formation de grumeaux. — Faites cuire à petit feu pendant une demi-heure. — Faites une purée de carottes comme la précédente, finissez-la de la même manière et ajoutez les pâtes après les avoir égouttées. — Mêlez et servez.

PURÉE DE NAVETS AUX CROUTONS

Épluchez et faites blanchir 20 gros navets. — Faites-les dégorger pendant une heure, égouttez-les, mettez-les dans une casserole avec 5 grammes de sucre, 100 grammes de beurre, couvrez-les de gros bouillon et ajoutez 200 grammes de mie de pain à potage. — Faites cuire à feu doux. — Ensuite égouttez, passez à l'étamine et mettez la purée dans une casserole avec 5 décilitres de béchamel réduite (voyez à l'Appendice). — Mouillez la purée à son point avec consommé de volaille et tournez sur le feu. — Au premier bouillon, mettez sur le coin du fourneau pendant une demi-heure. — Écumez, versez dans la soupière et liez avec 100 grammes de beurre fin et 2 décilitres de crème double. — Servez à part des croûtons de pain de mie frits dans le beurre clarifié.

PURÉE DE NAVETS AU RIZ

Préparez une purée comme la précédente, finissez-la de la même manière et remplacez les croûtons par 100 grammes de riz blanchi et cuit avec consommé de volaille. — Mettez le riz dans la soupière et finissez avec beurre et crème.

PURÉE DE NAVETS AUX POINTES D'ASPERGES

Faites une purée de navets comme la purée de navets aux croûtons. — Ayez 5 décilitres de pointes d'asperges cuites à l'eau de sel. — Mettez la purée dans la soupière, finissez-la avec beurre et crème, mettez-y les pointes d'asperges et servez.

PURÉE DE NAVETS AUX PETITS POIS

Faites cuire 1 litre de petits pois à l'eau de sel, égouttez-les dans la soupière et versez dessus la purée de navets, qui doit être préparée et finie comme la purée de navets aux croûtons.

PURÉE DE NAVETS A LA FAUBONNE

Préparez une julienne comme il est dit au potage

julienne. — Mettez-la dans la soupière et versez dessus une purée de navets que vous aurez faite comme la purée de navets aux croûtons. — Ajoutez 1 demi-litre de pois fins cuits à l'eau de sel et servez.

PURÉE DE NAVETS A LA NIVERNAISE

Faites une purée de navets comme il est dit ci-dessus et une garniture de carottes comme celle du potage nivernais (p. 50). — Finissez la purée avec beurre et crème, mettez-la dans la soupière. — Versez-y la garniture, mêlez et servez.

PURÉE D'ASPERGES AUX CROUTONS ET AUX POINTES D'ASPERGES

Prenez le tendre de 2 bottes d'asperges vertes de manière à en avoir 1 kilogramme. — Retirez les pointes et servez-les pour la garniture. — Faites blanchir les asperges à l'eau de sel, égouttez-les et mettez-les dans une casserole avec 200 grammes de pain de mie à potage, 1 litre de consommé de volaille, une pointe de sucre et 5 décilitres de béchamel. — Faites cuire jusqu'à ce que l'asperge s'écrase bien sous le doigt et passez-la à l'étamine. — Mettez la purée dans une casserole, mouillez-la à son point avec consommé de volaille. — Au moment de servir, faites bouillir la purée, écumez et versez dans la soupière. — Ajoutez-y 2 décilitres de crème double, puis un vert d'épinards passé au tamis de

soie : il faut que cette purée soit d'un vert tendre.
— Mettez dans la soupière les pointes que vous aurez fait cuire à l'eau de sel et que vous aurez égouttées et servez à part des croûtons que vous aurez taillés en ronds de 1 centimètre 1/2 de large et fait sécher au four sans prendre couleur.

PURÉE-D'ASPERGES GARNIE DE CRÈME DE VOLAILLE

Sautez 2 filets de poulet, laissez-les refroidir, hachez et pilez-les. — Ajoutez 4 décilitres de consommé de volaille. — Passez à l'étamine. — Mettez 6 jaunes d'œufs dans une terrine, une prise de muscade, la purée de volaille et 4 cuillerées à bouche de très-bonne crème. — Repassez à l'étamine. — Beurrez un moule uni qui puisse contenir la crème, versez-la dedans et faites prendre au bain-marie. — La crème prise, laissez-la refroidir, démoulez-la et coupez-la en dés de 15 millimètres de large. — Mettez-la crème dans la soupière et versez dessus une purée d'asperges, faite et finie comme la précédente : ayez soin de verser sur les parois de la soupière pour ne pas abîmer la crème de volaille.

PURÉE D'ASPERGES AU RIZ

Préparez une purée d'asperges comme la précédente. — Faites crever 100 grammes de riz bien lavé et blanchi. — Versez dans la soupière la purée, le riz et 2 décilitres de crème. — Mêlez et servez.

PURÉE D'ASPERGES A LA FAUBONNE

Faites une julienne comme il est dit au potage julienne. — Mettez-la dans la soupière avec 1 demi-litre de petits poits cuits à l'eau de sel. — Versez dessus une purée d'asperges faite et finie comme la précédente. — Servez.

PURÉE D'ASPERGES GARNIE DE JULIENNE DE CÉLERI

Prenez les blancs de 2 pieds de céleri. — Taillez-les en julienne. — Après les avoir fait blanchir, rafraîchir et égoutter, faites-les cuire dans du consommé de volaille. — Au moment de servir, égouttez et mettez-les dans la soupière. — Versez dessus une purée d'asperges faite et finie comme la purée aux pointes d'asperges et aux croûtons. — Servez.

PURÉE DE POIREAUX AUX CROUTONS

Lavez, blanchissez et rafraîchissez tout le blanc de 24 poireaux et laissez-le dégorger deux heures. — Ensuite égouttez les poireaux et pressez-les. — Mettez-les dans une casserole avec 1 litre de consommé de volaille, 1 demi-litre de béchamel (voyez à l'Appendice) et 200 grammes de mie de pain à potage. — Mettez sur feu doux jusqu'à entière cuisson des poireaux : il faut que les poireaux s'écrasent facilement sous le doigt. — Passez à l'étamine, mettez la purée dans une casserole, mouillez-la à son point, mettez-la sur le feu et tournez avec une cuiller pour l'empêcher de s'attacher. — Au premier bouillon, mettez sur le coin du fourneau pendant vingt minutes et écumez. — Mettez dans la soupière, ajoutez 2 décilitres de crème double, 100 grammes de beurre très-fin et mêlez. — Servez à part de croûtons de pain de mie frits dans le beurre clarifié.

PURÉE DE POIREAUX AU RIZ

Faites et finissez une purée comme la précédente. — Ajoutez 100 grammes de riz lavé, blanchi et cuit dans du consommé. — Servez.

PURÉE DE POIREAUX AUX POINTES DE GROSSES ASPERGES

Coupez les têtes d'une botte de grosses asperges sur une longueur de 2 centimètres. — Lavez et faites cuire à l'eau de sel. — Égouttez et mettez dans la soupière. — Versez-y une purée de poireaux faite et finie comme la purée de poireaux aux croûtons. — Servez.

PURÉE DE POIREAUX AUX PETITS POIS GARNIE D'UNE PLUCHE DE CERFEUIL

Faites cuire 6 décilitres de petits pois fins à l'eau de sel. — Faites une pluche de cerfeuil. — Mettez pois et pluche dans une soupière et versez dessus une purée de poireaux faite et finie comme la purée de poireaux aux croûtons.

PURÉE DE POIREAUX GARNIE DE PETITES CAROTTES

Coupez avec une colonne de 2 centimètres du rouge de carottes de 3 centimètres de longueur. — Faites blanchir les carottes, rafraîchissez, puis coupez en ronds de l'épaisseur de 1 demi-centimètre. — Faites cuire dans du consommé. — Égouttez, mettez dans la soupière et versez dessus une purée de poireaux comme il est dit à la purée de poireaux aux croûtons. — Servez.

PURÉE DE POIREAUX A LA CRÈME DE VOLAILLE

Prenez 2 filets de poulet gras, faites-les sauter, laissez refroidir, hachez et pilez. — Mouillez avec 1 décilitre de béchamel et 1 décilitre de consommé de volaille. — Mettez dans une terrine 5 jaunes d'œufs et mouillez-les avec 2 décilitres de consommé de volaille. — Passez à l'étamine avec pression. — Beurrez un moule uni qui puisse contenir cette crème. — Faites-la prendre au bain-marie pendant trois quarts d'heure, en veillant à ce que l'eau ne fasse que frémir. — La crème prise, laissez refroidir. — Démoulez et coupez la crème en dés de 1 centimètre. — Versez dans la soupière une purée de poireaux faite et finie comme la purée de poireaux aux croûtons. — Mettez la crème dans la purée et servez. — Une fois la crème mise dans la purée, on ne doit plus se servir de la cuiller, car on s'exposerait à la briser.

PURÉE DE POIREAUX A LA FAUBONNE

Préparez une julienne avec rouge de carottes, navets, racines de persil et céleri en branche. — Lorsque la julienne est cuite et glacée, mettez-la dans la soupière avec 1 demi-litre de petits pois cuits à l'eau de sel. — Versez dessus une purée de poireaux faite et finie comme la précédente. — Mêlez légèrement et servez.

PURÉE DE TRUFFES GARNIE DE QUENELLES DE FOIE GRAS

Nettoyez et épluchez avec soin 500 grammes de truffes, mettez-les dans le mortier avec 100 grammes de beurre fin et 200 grammes de mie de pain à potage, cuite en bouillie dans du consommé de volaille. — Pilez en ajoutant 3 décilitres d'espagnole réduite (voyez à l'Appendice la recette de l'espagnole). — Passez à l'étamine, mettez la purée dans une casserole et réservez au bain-marie. — Mouillez la purée à son point avec consommé de volaille. — Faites 60 quenelles de foie gras que vous couchez avec des cuillers à café en leur donnant la grosseur d'une petite olive. — Au moment de servir, pochez et égouttez les quenelles, mettez-les dans la soupière, versez la purée dessus et servez.

PURÉE DE TRUFFES GARNIE DE CRÈME AU CONSOMMÉ ET AU MADÈRE

Mettez dans une terrine 8 jaunes d'œufs, 2 décilitres de consommé de volaille, 1 de madère, une pointe de muscade, une petite prise de sel. — Battez le tout et passez à l'étamine. — Beurrez un moule uni qui puisse contenir la crème. — Faites-la prendre au bain-marie, en évitant que l'eau ne bouille. — Lorsque la crème est prise, laissez-la refroidir. — Démoulez et coupez-la en dés de 1 centimètre. — Versez dans la soupière une purée de truffes faite comme la précédente. — Mettez la crème dans la purée et servez.

PURÉE DE TRUFFES AU MACARONI

Faites blanchir 100 grammes de petit macaroni d'Italie. — Rafraîchissez et égouttez-le. — Taillez le macaroni en morceaux de 1 centimètre 1/2 de long. — Finissez de le cuire dans du consommé. —

Égouttez-le, mettez-le dans la soupière et versez dessus une purée de truffes faite comme la purée aux quenelles de foie gras. — Servez à part fromage de Parmesan râpé.

PURÉE DE TRUFFES GARNIE D'UNE JULIENNE DE BARTAVELLES

Levez les filets à 2 bartavelles; faites-les sauter et mettez-les en presse. — Mettez les carcasses des bartavelles dans une casserole, avec consommé, 1 oignon, un bouquet de persil garni de thym et de laurier. — Lorsque les carcasses sont cuites, passez la cuisson à la serviette et mouillez la purée de truffes avec le fond au lieu d'employer du consommé ordinaire. — Coupez les filets en julienne, mettez-les dans la soupière et versez dessus la purée, qui ne doit pas dépasser 60 degrés de chaleur. — Servez.

PURÉE DE CHAMPIGNONS AU RIZ

Ayez 500 grammes de champignons bien blancs et très-fermes. — Épluchez, lavez, égouttez et tournez-les. — Mettez-les à mesure dans une casserole où vous aurez mis le jus d'un citron, même quantité d'eau et une pincée de sel. — Lorsque tous les champignons sont tournés, mettez sur le feu à casserole couverte. — Faites cuire en sautant de temps en temps. — La cuisson terminée, égouttez, rafraîchissez et épongez dans une serviette. — Pilez les champignons avec 60 grammes de beurre, ajoutez 5 décilitres de béchamel réduite (voyez à l'Appendice). — Passez à l'étamine. — Passez la cuisson des champignons, mettez-y 3 cuillerées à bouche d'arrow-root et versez-la dans la purée avec 1 litre 1/2 de consommé de volaille. — Au moment de servir, mettez sur feu vif en tournant avec la cuiller jusqu'au premier bouillon et écumez. — Versez dans la soupière, ajoutez-y 100 grammes de riz blanchi et cuit au consommé, 2 décilitres de crème et 100 grammes de beurre. — Mêlez et servez.

PURÉE DE CHAMPIGNONS AUX CROUTONS

Préparez et finissez une purée de champignons comme la précédente. — Faites des croûtons avec du pain de mie et faites-les frire dans du beurre clarifié. — Mettez la purée dans la soupière et servez les croûtons à part. — Si la purée se relâchait, on ajouterait 2 cuillerées à bouche d'arrow-root délayé avec consommé, on donnerait un bouillon et l'on écumerait avant de servir.

PURÉE DE CONCOMBRES GARNIE DE CÉLERI

Retirez les pelures et les pepins à des concombres de manière à avoir 750 grammes de chair. — Coupez-les en morceaux, faites-les blanchir, rafraîchissez, égouttez et mettez-les dans une casserole avec 100 grammes de beurre. — Passez-les à blanc

pour les dessécher. — Mouillez avec 1 demi-litre de consommé et 1 demi-litre de béchamel réduite (voyez à l'Appendice). — Ajoutez 200 grammes de mie de pain à potage. — Tournez sur le feu pour bien mêler et, au premier bouillon, mettez cuire à feu doux.
— Les concombres cuits, passez à l'étamine, mettez la purée dans une casserole et mouillez-la à son point avec consommé de volaille. — Faites-la bouillir, puis mettez-la sur le coin du fourneau et laissez-la mijoter pendant vingt-cinq minutes.

Préparez une julienne avec le blanc de 2 pieds de céleri. — La julienne faite, égouttez-la et mettez-la dans la soupière. — Écumez la purée et versez-la sur le céleri. — Ajoutez 2 décilitres de crème et 100 grammes de beurre fin. — Mêlez et servez.

PURÉE DE CONCOMBRES AUX PETITS POIS

Préparez une purée comme la précédente, finissez-la de la même manière et, au lieu de julienne de céleri, ajoutez 6 décilitres de petits pois fins cuits à l'eau de sel. — Servez.

PURÉE DE CONCOMBRES GARNIE DE HARICOTS VERTS

Coupez en losanges 250 grammes de haricots verts et faites-les cuire à l'eau de sel. — Préparez une purée de concombres comme la purée garnie de céleri et finissez-la de la même manière. — Mettez les haricots dans la soupière, versez la purée dessus et servez.

PURÉE DE CONCOMBRES AUX CAROTTES NOUVELLES

Tournez 50 petites carottes nouvelles, coupez-les en deux et faites-les cuire dans du consommé de volaille avec une pointe de sucre. — Quand elles sont cuites, égouttez-les, mettez-les dans la soupière, versez dessus une purée de concombres faite et finie comme la précédente. — Servez.

Lorsque la saison des carottes nouvelles est passée, on emploie du rouge de grosses carottes que l'on taille en olives, et on le prépare comme les carottes nouvelles.

PURÉE DE POTIRON AUX CROUTONS

Il existe de nombreuses variétés de potirons, mais il n'y en a que trois que l'on doit employer en cuisine : le potiron de l'Indre, qui est le plus gros et qui se trouve communément sur les marchés, le giraumon et le bonnet de Turc. Les amateurs de ce légume préfèrent ce dernier aux deux autres.

Épluchez 750 grammes de potiron, coupez-le en morceaux et mettez-le dans une casserole avec 100 grammes de beurre fin et 200 grammes de mie de pain à potage. — Mettez cuire à feu doux. — Le potiron cuit, ajoutez 1 demi-litre de béchamel réduite (voyez à l'Appendice). — Tournez sur le feu avec une cuiller de bois pendant un quart d'heure. — Passez à l'étamine. — Mouillez la purée à son point avec consommé de volaille. — Tournez sur le feu, écumez et mettez dans la soupière avec 2 décilitres de crème et 100 grammes de beurre. — Servez à part des croûtons faits avec du pain de mie et frits dans du beurre clarifié.

PURÉE DE POTIRON AU RIZ

Préparez une purée comme la précédente. — Faites blanchir 100 grammes de riz. — Égouttez, rafraîchissez et faites-le cuire dans du consommé de volaille. — Finissez le potage comme le potage aux croûtons. — Servez.

PURÉE DE CÉLERI-RAVE AU RIZ

Épluchez des racines de céleri-rave en quantité suffisante pour en avoir 750 grammes. — Faites-les blanchir, rafraîchir et égoutter. — Mettez-les dans une casserole avec 200 grammes de mie de pain à potage, 5 décilitres de consommé de volaille, 4 décilitres de béchamel réduite (voyez à l'Appendice) et 4 grammes de sucre. — Tournez sur le feu jusqu'au premier bouillon et finissez de cuire à feu doux. — Passez à l'étamine. — Mettez la purée dans une casserole et mouillez-la avec consommé de volaille. — Faites bouillir, puis mettez pendant un quart d'heure sur le coin du fourneau.

Lavez et blanchissez 100 grammes de riz et faites-le cuire dans du consommé de volaille. — Égouttez-le et versez-le dans la soupière. — Ajoutez la purée de céleri après l'avoir écumée, 2 décilitres de crème et 100 grammes de beurre fin. — Mêlez et servez.

PURÉE DE CÉLERI A LA FAUBONNE

Préparez une julienne avec céleri en branche, rouge de carottes, navets, poireaux, de manière à en avoir 3 décilitres. — Lorsqu'elle est glacée, mêlez-la à une purée de céleri faite comme la précédente. — Ajoutez une chiffonnade composée de laitues et d'oseille. — Laissez mijoter pendant un quart d'heure sur le coin du fourneau. — Écumez la faubonne, versez-la dans la soupière et servez.

PURÉE DE CÉLERI AUX CROUTONS

Faites et finissez une purée de céleri comme il est dit à la purée de céleri au riz (p. 95). — Remplacez le riz par des croûtons de pain de mie passés au beurre clarifié et que vous servirez à part.

PURÉE DE CÉLERI GARNIE D'UNE JULIENNE DE CAROTTES

Marquez une julienne avec du rouge de carottes de manière à en avoir 3 décilitres. — Quand elle est cuite et glacée, mettez-la dans la soupière, versez dessus une purée de céleri faite et finie comme la purée au riz (p. 95). — Mêlez et servez.

PURÉE DE CÉLERI AUX PETITS POIS

Préparez et finissez une purée de céleri comme la purée au riz (p. 95). — Au moment de servir, mettez dans la soupière 1 litre de pois fins que vous aurez fait cuire à l'eau de sel. — Versez la purée dessus, mêlez et servez.

PURÉE DE CHICORÉE A LA TALLEYRAND

Prenez toutes les parties blanches de 24 chicorées. — Lavez-les et faites-les blanchir à l'eau bouillante. — Une fois blanchies, rafraîchissez, égouttez, pressez et rangez-les dans une casserole à glacer, que vous aurez foncée de bardes de lard. — Recouvrez les chicorées de bardes et mouillez avec moitié consommé de volaille et moitié eau. — Faites partir et, au premier bouillon, couvrez le feu, afin que les chicorées ne fassent que mijoter doucement. — Quand les chicorées s'écrasent facilement sous le doigt, retirez du feu, égouttez sur une serviette et épongez pour retirer la graisse et le lard. — Mettez la chicorée dans une casserole avec 1 demi-litre de béchamel (voyez à l'Appendice), 1 demi-litre de consommé de volaille, 200 grammes de mie de pain à potage et 5 grammes de sucre. — Tournez sur le feu. — Dès que le pain est cuit, passez à l'étamine et réservez au bain-marie.

Ayez une belle poularde que vous faites cuire à la broche comme pour entrée, c'est-à-dire bien emballée, pour qu'elle cuise à blanc. — La poularde cuite, levez et escalopez les filets et mettez-les dans la soupière. — Mouillez la purée de chicorée à son point, faites-la bouillir et ajoutez 2 décilitres de crème double et 100 grammes de beurre. — Mêlez et versez sur les escalopes. — Il faut veiller à ce que la purée n'ait pas plus de 60 degrés de chaleur. — Servez.

PURÉE DE CHICORÉE AUX CROUTONS

Préparez une purée comme la précédente, finissez-la de la même manière et servez à part des croûtons de pain de mie frits dans le beurre clarifié.

PURÉE DE CHICORÉE AUX PETITS POIS

Faites une purée de chicorée comme la purée dite à la Talleyrand. — Faites cuire 6 décilitres de petits pois fins dans de l'eau de sel et égouttez-les. — Mettez-les dans la soupière, versez la purée dessus et servez.

PURÉE DE CHICORÉE AU RIZ

Même préparation, même travail que pour la purée garnie de petits pois; remplacez ceux-ci par

POTAGES A LA PURÉE DE LÉGUMES

100 grammes de riz lavé, blanchi et cuit dans du consommé. — Au moment de servir, mettez le riz dans la soupière, versez la purée dessus et servez.

PURÉE DE CHICORÉE AUX HARICOTS VERTS

Coupez 250 grammes de haricots verts en losanges, faites-les cuire à l'eau de sel et égouttez-les. — Mettez-les dans la soupière et versez dessus une purée de chicorée faite et finie comme la purée aux croûtons.

Tous les légumes à l'eau de sel pour potage doivent être cuits au dernier moment.

PURÉE D'HERBES AUX CROUTONS

Prenez 250 grammes de laitue, 250 grammes d'oseille, 250 grammes de pourpier, 250 grammes de poirée et 100 grammes de cerfeuil. — Épluchez et lavez ces herbes. — Égouttez et pressez-les. — Mettez-les dans une casserole avec 100 grammes de beurre, une pincée de sel et 5 grammes de sucre. — Mettez sur le feu et tournez avec une cuiller de bois jusqu'à ce que les herbes soient bien fondues. — Ajoutez 200 grammes de mie de pain à potage, 5 décilitres de béchamel (voyez à l'Appendice) et 1 demi-litre de consommé de volaille. — Faites bouillir en tournant avec la cuiller de bois, et, au premier bouillon, mettez sur le coin du fourneau. — Laissez mijoter pendant une heure.

— Écumez alors la purée et passez-la à l'étamine. — Mettez la purée dans une casserole et au bain-marie. — Si la purée était trop liée, on ajouterait du consommé de volaille. — Au moment de servir, faites bouillir, écumez et versez dans la soupière. — Ajoutez 2 décilitres de crème, 100 grammes de beurre fin, un vert d'épinards. — Passez au tamis de soie, mêlez et servez à part des croûtons de mie de pain frits dans du beurre clarifié.

PURÉE D'HERBES AUX PATES D'ITALIE

Préparez une purée comme la précédente, finissez-la de même et remplacez les croûtons par 150 grammes de pâtes d'Italie cuites au consommé. — Servez.

PURÉE D'HERBES GARNIE DE CRÈME AU CONSOMMÉ

Mettez 9 jaunes d'œufs dans une terrine, une prise de sel, une prise de muscade et 4 décilitres de consommé de volaille. — Mêlez et passez à l'étamine. — Beurrez un moule uni qui puisse contenir la crème, faites prendre au bain-marie et laissez refroidir. — Coupez la crème en dés. — Mettez dans la soupière une purée comme la précédente. — Finissez avec crème, beurre et vert d'épinards. — Mettez dans la crème et servez. — Il ne faut mettre la crème dans le consommé que lorsque la purée est liée, car on la gâterait en mettant le beurre et la crème double.

PURÉE D'HERBES AU RIZ

Lavez et blanchissez 100 grammes de riz et faites-le cuire dans du consommé. — Mettez-le dans la soupière et versez-y la purée, qui doit être faite comme la précédente. — Ajoutez beurre, crème et vert d'épinards. — Mêlez et servez.

PURÉE DE MARRONS AUX CROUTONS

Retirez la première peau des marrons. — Mettez-les dans l'eau, puis sur le feu. — Quand la deuxième peau se lève, retirez les marrons du feu, épluchez-les et mettez-les dans une casserole avec 1 litre de consommé de volaille, 1 demi-litre d'eau, une prise de sel et 5 grammes de sucre. — Mettez sur feu doux jusqu'à ce que les marrons soient bien cuits, puis passez-les à l'étamine. — Mettez la purée dans une casserole et mouillez-la à son point. — Faites-la bouillir et laissez-la mijoter une heure sur le coin du fourneau. — Écumez, versez dans la soupière, ajoutez 100 grammes de beurre et mêlez. — Servez à part des croûtons de pain de mie frits dans du beurre clarifié.

PURÉE DE MARRONS A LA LYONNAISE

Coupez 4 décilitres d'oignons en dés de 8 millimètres. — Blanchissez, égouttez et mettez dans une casserole avec 100 grammes de beurre. — Faites prendre couleur et, lorsque l'oignon a pris une teinte rouge, mouillez-le avec du consommé et faites-le glacer. — Mettez-le ensuite dans la soupière, et versez dessus une purée de marrons faite comme la précédente. — Servez.

PURÉE DE MARRONS AU MACARONI

Faites blanchir 100 grammes de petit macaroni d'Italie. — Égouttez, rafraîchissez et coupez-le en dés de 1 centimètre et 1/2. — Achevez de le cuire dans du consommé. — Lorsqu'il est cuit, égouttez-le, mettez-le dans la soupière et versez dessus une purée de marrons faite et finie comme la purée aux croûtons (p. 101). — Servez à part une assiette de fromage de Parmesan râpé.

PURÉE DE MARRONS A LA FAUBONNE

Préparez une julienne avec rouge de carottes, navets, oignons et pieds de céleri, et passez tous ces légumes au beurre. — Lorsqu'ils sont devenus d'une belle couleur rouge, mouillez-les avec du consommé et faites-les glacer. — Mettez-les dans la soupière et versez dessus une purée de marrons faite comme la purée aux croûtons (p. 101). — Mêlez et servez.

PURÉE DE MARRONS AUX ŒUFS POCHÉS

Faites pocher 12 œufs et servez-les dans une casserole à légumes avec consommé. — Servez à part une purée de marrons faite comme la purée aux croûtons (p. 101).

PURÉE DE FÈVES DE MARAIS AU RIZ

Ayez 750 grammes de fèves de marais dont vous aurez enlevé la peau. — Faites blanchir, rafraîchissez, égouttez et mettez-les dans une casserole avec 2 litres de consommé de volaille, 200 grammes de mie de pain à potage, un petit bouquet de sarriette et 5 grammes de sucre. — Faites cuire à feu doux pour éviter une trop grande réduction. — La cuisson terminée, passez à l'étamine, mettez dans une casserole et mouillez à son point.

Lavez, faites blanchir, égouttez et rafraîchissez 100 grammes de riz. — Faites-le cuire dans du consommé et versez-le dans la soupière avec la purée de fèves. — Ajoutez 100 grammes de beurre, 2 décilitres de crème et du vert d'épinards passé au tamis de soie. — Il faut que cette purée soit vert tendre.

PURÉE DE FÈVES DE MARAIS A LA CHIFFONNADE

Préparez une purée de fèves comme la précédente. — Faites une chiffonnade avec laitue et oseille et mêlez-la à la purée. — Finissez avec beurre et crème et servez.

PURÉE DE FÈVES DE MARAIS AUX CROUTONS

Marquez une purée comme la purée de fèves au riz (p. 103). — Finissez avec beurre et crème et servez des croûtons de pain de mie frits dans le beurre clarifié.

PURÉE DE FÈVES DE MARAIS A LA FAUBONNE

Marquez une julienne avec navets, rouge de carottes, poireaux et céleri. — Faites cuire et glacer. — Faites une purée de fèves comme la purée au riz (p. 103). — Versez-la dans la soupière. — Finissez-la avec beurre et crème. — Mêlez-y la julienne et servez.

CHAPITRE X

POTAGES AUX CROUTES

CROUTE AU POT

Ce potage ne se fait ni comme le consommé (p. 26) ni comme l'empotage (p. 25). On doit marquer une marmite exprès pour lui.

Mettez dans la marmite 2 kilogrammes de tranche de bœuf, 1 jarret de veau désossé, 1 poule, 100 grammes de moelle de bœuf, 3 belles carottes, 3 navets, le blanc de 12 poireaux en ayant soin de n'y laisser aucune partie verte, 2 gros oignons dont un garni de 3 clous de girofle, 35 grammes de sel, 4 litres d'eau et 5 grammes de sucre.

Désossez les viandes, ficelez-les ainsi que la poule, mettez le tout dans une marmite, versez l'eau, salez et placez sur un feu vif. — Faites bouillir, écumez, rafraîchissez et écumez de nouveau. — Ajoutez les légumes. — Couvrez le feu et, comme la qualité du potage dépend de la régularité de la cuisson, surveillez le feu de manière que la cuisson soit lente et continue. — Retirez les légumes aussitôt qu'ils sont cuits. Cinq heures doivent suffire pour l'entière cuisson. Il importe que le bouillon n'ait fini de cuire qu'au moment de servir : cuit trop tôt, il perd de ses qualités.

Dans l'intervalle, on fera blanchir un petit chou, que l'on laissera dégorger pendant deux heures avant de le faire cuire. — On prendra ensuite 2 pains à potage et on en retirera toute la mie. — On trempera les croûtes dans du bouillon et on les mettra sur un plat pour les faire gratiner, en ayant soin de les arroser à plusieurs reprises avec la graisse du bouillon.

Lorsque les croûtes sont gratinées, faites égoutter le chou et les autres légumes et garnissez-en les croûtes. — Passez le bouillon à la serviette et servez-le dans une soupière.

On sert les croûtes à part, après les avoir arrosées avec du bouillon. — Il sera toujours bon de goûter et d'ajouter du sel en cas de besoin.

POTAGE PRINTANIER AUX CROUTES GRATINÉES

Émincez les croûtes de 2 pains à potage, mettez-les dans un plat creux en métal et arrosez-les avec consommé et graisse de marmite clarifiée. — Préparez des légumes comme pour le potage printanier.

Ayez un pain à potage. — Retirez entièrement la mie. — Trempez cette croûte dans du consommé. — Posez-la sur un plafond beurré. — Arrosez de graisse clarifiée et faites prendre couleur au four ainsi qu'aux croûtes qui sont sur le plat. — Arrosez deux fois avec graisse les deux croûtes. — Lorsqu'elles sont à point, retirez du four. — Posez la croûte entière sur les croûtes gratinées. — Égouttez les légumes et dressez-les en bouquet autour de la croûte.

Faites bouillir ensemble 1 litre 1/2 de consommé et 1 litre de blond de veau. — Arrosez croûtes et légumes et servez à part le reste du consommé.

Ce potage doit être servi très-chaud.

POTAGES DE CROUTES GRATINÉES AUX QUENELLES DE VOLAILLE

Préparez des croûtes comme les précédentes. — Remplacez le consommé et le blond de veau par du consommé de volaille. — Faites de la farce de volaille (p. 41). — Couchez les petites quenelles et faites-les pocher. — Égouttez et passez la croûte sur celles qui sont gratinées. — Rangez les quenelles autour. — Arrosez de consommé de volaille. — Servez le consommé à part.

POTAGE DE CROUTES GRATINÉES A LA RÉGENCE

Préparez un pain de volaille avec 4 filets de poulets que vous aurez fait sauter. — Laissez refroidir, pilez, et tout en pilant ajoutez 4 décilitres de consommé de volaille, 4 décilitres de béchamel réduite (voyez à l'Appendice), 8 jaunes d'œufs et une prise de muscade. — Passez à l'étamine avec pression. — Beurrez un moule uni, remplissez-le et faites prendre au bain-marie : il faut une heure pour que le pain soit pris. — Laissez refroidir.

Préparez les croûtes comme les précédentes. — Au moment de servir, démoulez le pain, coupez-le en gros dés et formez des bouquets autour de la croûte avec les dés de pain de volaille et avec des petits pois fins cuits à l'eau de sel. — Arrosez avec du consommé de volaille et servez une soupière de consommé à part.

POTAGE DE CROUTES GRATINÉES AU CHASSEUR

Préparez 3 perdreaux rouges, bardez-les et faites-les rôtir à la broche. — Laissez refroidir. — Levez les filets et escalopez-les. — Préparez les croûtes comme les précédentes. — Remplacez le consommé de volaille par celui de gibier. — Au moment de servir, rangez les escalopes autour de la croûte avec des pointes d'asperges. — Servez consommé de gibier à part.

POTAGE DE CROUTES GRATINÉES
AUX LAITUES FARCIES

Préparez 8 laitues farcies comme il est dit au potage de laitues farcies (p. 48). — Faites des croûtes gratinées comme pour le potage printanier aux croûtes gratinées (p. 106). — Dressez les laitues autour de la grosse croûte. — Arrosez-les avec consommé et servez consommé à part.

POTAGE DE CROUTES GRATINÉES
AUX CONCOMBRES

Parez des concombres comme pour garniture d'entrée de manière à en avoir 1 litre. — Faites blanchir, égouttez, salez légèrement et ajoutez une prise de muscade. — Mettez-les dans un plat à sauter légèrement beurré. — Couvrez de consommé de volaille et faites cuire.

Faites des croûtes comme pour le potage printanier aux croûtes gratinées (p. 106). — Égouttez les concombres et rangez-les autour de la croûte. — Arrosez avec consommé et servez consommé à part.

POTAGE DE CROUTES GRATINÉES
AUX POINTES DE GROSSES ASPERGES

Préparez des croûtes comme celles du potage printanier (p. 106). — Coupez toutes les pointes à une botte de grosses asperges et blanchissez-les. — A moitié cuisson, égouttez-les et finissez de les cuire dans du consommé. — Égouttez et garnissez les croûtons avec les pointes d'asperges. — Arrosez croûtes et asperges avec consommé et servez consommé à part.

Tous ces potages demandent à être servis très-chauds.

POTAGE DE CROUTES GRATINÉES A LA CLERMONT

Préparez des croûtes de potage printanier (p. 106). — Épluchez des gros oignons, retirez-en toutes les parties dures et émincez-les de manière à en avoir 300 grammes. — Faites-les blanchir. — Égouttez et mettez-les dans une casserole avec 200 grammes de beurre. — Faites-leur prendre couleur sur le feu. — Lorsqu'ils sont devenus rouges, mouillez avec consommé et faites glacer. — Au moment de servir, dressez les oignons autour de la croûte du milieu, arrosez le tout avec consommé et servez consommé à part.

POTAGE DE CROUTES GRATINÉES AUX PETITS POIS

Préparez et finissez ce potage comme le potage aux grosses asperges (p. 109), en remplaçant celles-ci par 1 litre de petits pois fins cuits à l'eau de sel.

POTAGE DE CROUTES GRATINÉES AUX CONCOMBRES FARCIS

Prenez 3 petits concombres et tournez-les. — Coupez chaque bout de 3 centimètres et videz-les. — Faites blanchir, égouttez, rafraîchissez, épongez sur une serviette et faites-les cuire dans du consommé. — Égouttez-les. — Coupez chaque concombre en anneaux de 2 centimètres. — Rangez-les dans un plat à sauter légèrement beurré. — Garnissez chaque anneau de farce de volaille dans laquelle vous aurez ajouté une pluche de cerfeuil. — Lissez parfaitement. — Vingt minutes avant de servir, faites pocher les concombres dans du consommé. — Préparez des croûtes comme celles du potage printanier (p. 106). — Égouttez les concombres et dressez-les autour des croûtes. — Arrosez de consommé de volaille, dans lequel vous aurez mis une pluche de cerfeuil. — Servez avec le reste du consommé à part.

POTAGE DE CROUTES GRATINÉES AUX MARRONS

Prenez 40 beaux marrons de Lucques et fendez-les par le travers sans entamer la chair. — Faites-les cuire à blanc. — Dès que la peau s'enlève, retirez-les du feu, épluchez-les et rangez-les dans un plat à sauter beurré. — Couvrez de consommé. — Ajoutez une prise de muscade et 5 grammes de sucre. —

Mettez un rond de papier beurré et faites cuire à feu doux. — Après la cuisson, le consommé doit faire glace au fond du plat à sauter.

Préparez les croûtes comme celles du potage printanier (p. 106), rangez les marrons autour de la croûte du milieu et arrosez le tout avec du consommé. — Servez à part du consommé dans une soupière.

CHAPITRE XI

POTAGES DE SANTÉ

CONSOMMÉ DE SANTÉ
POUR SERVIR A TOUS LES POTAGES

Marquez un consommé comme suit : Mettez dans une marmite 2 kilogrammes de tranche de bœuf et 1 jarret de veau. — Désossez 2 poules et faites-leur prendre couleur à la broche. — Ficelez les viandes et mettez-les dans une marmite. — Ajoutez 8 litres de bouillon. — Faites bouillir, écumez et garnissez avec 2 carottes, 2 oignons, 8 poireaux et 1 laitue. — Lavez et blanchissez 60 grammes d'amandes douces avec 5 grammes de sucre. — Laissez mijoter sur le coin du fourneau jusqu'à entière cuisson des viandes. — Les viandes cuites, retirez-les sur un plat et saupoudrez-les de sel. — Passez le consommé à la serviette et clarifiez-le avec la chair de veau, dont vous aurez retiré les peaux, les nerfs et la graisse. — Réservez pour servir.

POTAGE DE SANTÉ AUX GROSSES RACINES

Faites avec la cuiller à légumes 30 boules de rouge de carottes de 1 centimètre de grosseur, même quantité de navets, autant de choux-fleurs en petits bouquets, 30 petits choux de Bruxelles et 30 pointes de grosses asperges. — Blanchissez et faites cuire séparément tous ces légumes. — Mettez 3 litres de consommé de santé dans une casserole, faites bouillir et ajoutez les légumes. — Après cinq minutes d'ébullition, écumez et versez dans la soupière. — Servez.

POTAGE DE SANTÉ AU PAIN DE VOLAILLE

Prenez 4 filets de poulet, faites-les sauter au beurre, laissez-les refroidir, mettez-les dans le mortier et pilez-les en ajoutant 4 décilitres de béchamel réduite (voyez à l'Appendice) et 4 décilitres de consommé de volaille mis en plusieurs fois. — Les filets bien pilés, ajoutez 8 jaunes d'œufs, une petite prise de muscade et passez à l'étamine avec pression. — Beurrez un moule uni, mettez-y l'appareil et faites prendre au bain-marie. — Le pain une fois poché, laissez-le refroidir, coupez-le en gros dés, mettez-le dans la soupière et versez doucement avec la cuiller à pot le consommé bien chaud. — Servez.

POTAGE DE SANTÉ
AUX QUENELLES DE VOLAILLE

Préparez 60 petites quenelles avec de la farce de volaille (p. 41) et faites-les pocher avec consommé de volaille. — Faites bouillir 3 litres de consommé de santé. — Mettez les quenelles dans la soupière, versez doucement le consommé dessus et servez.

POTAGE DE SANTÉ
GARNI DE PETITES TIMBALES AU CONSOMMÉ

Mettez dans une terrine 10 jaunes d'œufs, une prise de muscade râpée, une prise de sel et 6 décilitres de consommé de santé. — Mêlez parfaitement le tout à l'étamine. — Beurrez 12 moules à darioles, remplissez-les et faites-les prendre au bain-marie, en évitant que l'eau ne bouille. — Lorsque les crèmes sont prises et refroidies, démoulez-les et rangez-les dans la soupière. — Versez très-doucement le consommé avec la cuiller à pot et sur les parois de la soupière : par ce moyen on évite de briser les timbales. — Servez.

POTAGE DE SANTÉ AU CHASSEUR

Faites cuire à la broche 3 perdreaux. Lorsqu'ils sont cuits, laissez-les refroidir. — Levez les filets, coupez-les en julienne, mettez-les dans la soupière et versez le consommé de santé dessus : il ne faut pas que le consommé ait plus de 60 degrés de chaleur. — Servez.

POTAGE DE SANTÉ AUX PETITS POIS ET AUX POINTES D'ASPERGES

Ayez 5 décilitres de pointes d'asperges et 5 décilitres de petits pois fins. — Faites cuire à l'eau de sel ces deux légumes. — Au moment de servir, égouttez et mettez-les dans la soupière sans les rafraîchir. — Versez 3 litres de consommé de santé bouillant et servez avec croûtons de pain séchés au four.

POTAGE DE SANTÉ A LA D'AUMALE

Épluchez et lavez avec soin 1 kilogramme 1/2 d'oseille. — Faites-la blanchir et égoutter, et mettez-la dans une casserole avec 8 décilitres de consommé de santé et 200 grammes de mie de pain à potage, une prise de muscade et une prise de sucre. — Faites cuire à feu doux en remuant de temps en temps pour éviter qu'elle ne s'attache. — Lorsque le pain est bien cuit, passez l'oseille à l'étamine. — Faites bouillir 2 litres de consommé de santé. — Au premier bouillon, versez 10 cuillerées à bouche de tapioca : versez d'une main et tournez de l'autre pour éviter que le tapioca ne fasse des grumeaux. — Mettez sur le coin du fourneau et laissez mijoter un quart d'heure à casserole couverte. — Mettez ensuite la purée dans la soupière et versez le tapioca en plusieurs fois, afin de le bien mêler à la purée.

POTAGE DE CRÈME DE RIZ A LA REINE

Lavez et faites blanchir 250 grammes de riz de Caroline. — Mettez-le dans une casserole avec 1 litre 1/2 de consommé de volaille et 200 grammes de mie de pain à potage et faites cuire à feu doux. — Lorsque le riz s'écrase facilement sous le doigt, passez-le à l'étamine et mettez-le dans une casserole.

Faites braiser un poulet gras, levez les chairs, retirez graisse et peaux. — Pilez, passez et dégraissez parfaitement le fond dans lequel a cuit le poulet. — Mouillez la chair du poulet avec ce fond, passez à l'étamine et mêlez cette purée avec le riz. — Mettez la crème de riz à son point avec consommé de volaille et tenez au bain-marie jusqu'au moment de servir. — Faites chauffer sans bouillir.

Ajoutez 2 décilitres de lait d'amandes fait de la manière suivante : Mondez 90 grammes d'amandes douces. — Lavez, égouttez et pilez-les bien en pâte. — Mouillez avec 4 décilitres de crème et passez avec pression à travers une grosse serviette.

Versez dans la crème de riz le lait d'amandes. — Mêlez et servez.

POTAGE DE CRÈME DE RIZ A LA MACÉDOINE DE LÉGUMES

Levez avec une cuiller à légumes d'un centimètre et demi, dans du rouge de carottes, des boules en quantité suffisante pour faire 1 décilitre. — Faites le même nombre de boules de navets. — Préparez 1 décilitre de pointes d'asperges, 1 de petits pois et 1 de haricots verts coupés en losanges. — Faites cuire ces légumes séparément.

Lavez et blanchissez 300 grammes de riz de Caroline. — Mettez le riz dans une casserole avec 200 grammes de mie de pain à potage, 2 litres de consommé de volaille et 1 demi-litre de velouté. — Faites cuire à feu doux jusqu'à ce que le riz puisse passer à l'étamine. — Mettez la purée de riz dans une casserole et mouillez-la à son point.

Au moment de servir, faites-la bouillir en la tournant avec une cuiller de bois. — Égouttez les légumes et mettez-les dans la soupière. — Écumez la purée, versez-la sur les légumes et servez.

POTAGE DE CRÈME DE RIZ AUX POINTES D'ASPERGES

Faites une crème de riz comme celle du potage macédoine. — Préparez 7 décilitres de pointes d'asperges que vous ferez cuire à l'eau de sel. — Égouttez et mettez les asperges dans la soupière. — Versez la crème de riz dessus, mêlez et servez.

POTAGE DE CRÈME DE RIZ A LA FRANÇAISE

Faites une crème de riz comme celle du potage macédoine. — Préparez 60 petites quenelles de farce de volaille et moulez-les dans des cuillers à café. — Au moment de servir, faites pocher les quenelles dans du consommé. — Égouttez-les, mettez-les dans la soupière, versez dessus la crème de riz et servez.

POTAGE DE CRÈME DE RIZ AU CHASSEUR

Faites rôtir 2 perdreaux rouges. — Laissez-les refroidir. — Levez les filets et mettez les carcasses dans une casserole avec consommé de volaille, un bouquet de persil garni d'une petite feuille de laurier, une petite branche de thym, une de basilic et une prise de mignonnette. — Faites bouillir, écumez et mettez sur le coin du fourneau pendant une demi-heure. — Passez ensuite à la serviette.

Pilez les filets. — Mouillez-les avec 5 décilitres d'essence de perdreau. — Ajoutez 8 jaunes d'œufs et une pointe de muscade et passez à l'étamine. — Beurrez 12 moules à darioles, emplissez-les et faites-les prendre au bain-marie.

Au moment de servir, démoulez les timbales, rangez-les avec soin dans la soupière et versez une crème de riz faite comme celle du potage macédoine. — Remplacez le consommé de volaille par de l'essence de perdreau. — Ayez soin, en versant la crème de riz, de ne pas abîmer les timbales.

POTAGE DE CRÈME DE RIZ A LA NIVERNAISE

Tournez du rouge de carottes en olives d'une longueur de 2 centimètres, de manière à en avoir

4 décilitres. — Faites blanchir, rafraîchissez, égouttez et mettez-les dans une casserole avec consommé de volaille et une pointe de sucre. — Lorsque les carottes sont cuites, égouttez-les, mettez-les dans la soupière et versez dessus une crème de riz faite comme celle du potage de crème de riz macédoine. — Servez.

POTAGE DE CRÈME DE RIZ AUX ÉCREVISSES

Lavez et faites cuire 60 écrevisses avec carottes et oignons émincés, une prise de mignonnette, un bouquet de persil, 4 décilitres de consommé de volaille et une pincée de sel. — Quand elles sont cuites, laissez refroidir. — Épluchez les queues, parez-les et coupez chaque queue en deux. — Réservez sur une assiette.

Pilez les coquilles avec 100 grammes de beurre. — Mettez-les dans une casserole pendant une heure et demie au bain-marie. — Passez avec pression les coquilles dans une grosse serviette sur une terrine d'eau froide. — Lorsque le beurre est bien ferme, épongez-les dans une serviette et passez-les au tamis de soie.

Faites ensuite une crème de riz comme celle du potage de crème de riz macédoine. — Ajoutez la cuisson des écrevisses passée à la serviette. — Au moment de servir, faites bouillir la crème, ajoutez le beurre d'écrevisses, mêlez parfaitement le beurre, mettez les queues dans la soupière, versez la crème dessus et servez.

POTAGE DE CRÈME DE RIZ AUX PETITS POIS

Préparez une crème de riz comme celle de la macédoine de légumes. — Faites cuire 1 litre de petits pois fins à l'eau de sel et égouttez. — Versez la crème dans la soupière, ajoutez 100 grammes de beurre très-fin et 2 décilitres de crème, mêlez, versez les pois dans la crème et servez.

POTAGE DE CRÈME DE RIZ AUX NAVETS A LA CHATRE

Formez, avec une cuiller à légumes d'un centimètre et demi de diamètre, 100 boules de navets. — Faites-les blanchir et rafraîchir. — Égouttez-les et passez-les au beurre avec une pincée de sucre en poudre. — Quand elles sont d'une belle couleur rouge, mouillez-les avec consommé et faites-les cuire. — Au moment de servir, vous aurez fait une crème de riz comme la crème macédoine. — Égouttez les navets, mettez-les dans la soupière, versez la crème dessus et servez.

POTAGE DE CRÈME DE RIZ A LA CHIFFONNADE

Préparez une crème de riz comme la crème de riz macédoine. — Faites une chiffonnade avec oseille, laitue et cerfeuil et faites-la cuire dans du consommé de volaille. — Au moment de servir, versez la crème dans la soupière. — Ajoutez 100 grammes de beurre et 2 décilitres de crème. — Égouttez la chiffonnade. — Mêlez bien le tout et servez.

POTAGE D'ORGE PERLÉE DE FRANCFORT A LA CRÈME

Prenez 300 grammes d'orge perlée de Francfort, lavez-la et mettez-la dans une marmite avec 2 litres d'eau, 30 grammes de beurre et une prise de sel. — Faites bouillir et mettez sur feu doux, afin que l'orge cuise lentement. — Au bout de trois heures d'ébullition, ajoutez 1 demi-litre de consommé de volaille et laissez la cuisson continuer pendant encore deux heures. — Si alors l'orge ne s'écrase pas facilement sous le doigt, laissez-la cuire jusqu'à ce qu'elle soit à son point. — La cuisson terminée, ajoutez 1 litre de consommé. — Mettez mijoter sur le coin du fourneau et écumez plusieurs fois. — Versez l'orge dans la soupière et ajoutez-y 2 décilitres de crème et 100 grammes de beurre. — Mêlez et servez.

POTAGE D'ORGE PERLÉE A LA PURÉE D'OSEILLE

Préparez un potage d'orge comme le précédent. — Faites 1 litre de purée d'oseille comme suit : Épluchez un paquet d'oseille. — Lavez, blanchissez et faites égoutter. — Mettez l'oseille dans une casserole avec 1 demi-litre de consommé de volaille. — Réduisez cette purée d'un tiers et passez-la à l'étamine. — Au moment de servir, ajoutez la purée d'oseille à l'orge et 1 demi-litre de consommé de volaille. — Faites bouillir, mettez la crème et le beurre. — Mêlez parfaitement et servez.

POTAGE D'ORGE PERLÉE AUX POINTES D'ASPERGES

Préparez un potage comme le potage d'orge à la crème de Francfort (p. 122). — Finissez-le avec crème et beurre et mettez dans la soupière 1 demi-litre de pointes d'asperges cuites à l'eau de sel et égouttées.

POTAGE D'ORGE PERLÉE AUX PETITS POIS

Faites cuire à l'eau de sel 1 litre de petits pois. — Préparez un potage comme le potage à la crème de Francfort (p. 122). — Mettez-le dans la soupière, ajoutez crème et beurre et mêlez. — Ajoutez ensuite les petits pois bien égouttés.

POTAGE D'ORGE PERLÉE AU BEURRE D'ÉCREVISSES.

Faites cuire 60 écrevisses avec sel, poivre, oignons, un bouquet de persil garni de thym et de laurier et 1 demi-litre de consommé de volaille. — Les écrevisses cuites, laissez refroidir. — Retirez toutes les queues, épluchez-les, parez-les et coupez chaque queue en deux. — Faites un beurre d'écrevisses avec toutes les coquilles (voyez Crème de riz aux écrevisses, p. 120). — Au moment de servir, finissez le potage comme les précédents, en remplaçant le beurre ordinaire par le beurre d'écrevisses. — Mettez les queues dans la soupière et versez le potage dessus.

POTAGE D'ORGE PERLÉE A LA PLUCHE DE CERFEUIL

Préparez et finissez un potage comme les précédents. — Ajoutez une pluche de cerfeuil et servez.

POTAGE D'ORGE PERLÉE AU CÉLERI

Prenez tout le tendre de 3 pieds de céleri et coupez-le en carrés de 8 millimètres. — Faites blanchir, rafraîchissez, laissez dégorger pendant une heure et égouttez. — Mettez ensuite le céleri dans une casserole avec consommé de volaille et une pointe de sucre. — Faites-le glacer.

Préparez un potage d'orge comme les précédents et finissez-le de la même manière. — Égouttez-le, mêlez le céleri au potage et servez.

POTAGE D'ORGE PERLÉE AUX CAROTTES

Levez avec la cuiller à légumes des boules de carotte de 1 demi-centimètre de grosseur. — Blanchissez, égouttez et faites cuire dans du consommé de volaille. — Faites un potage comme le potage à la crème (p. 122) et finissez-le de la même manière. — Égouttez les carottes, mêlez-les au potage et servez.

POTAGE D'ORGE PERLÉE A LA JULIENNE DE POULARDE

Faites un potage d'orge comme le précédent, et finissez-le de la même manière. — Faites cuire à la broche une poularde, et, lorsqu'elle est cuite, levez-en les filets et taillez-les en julienne. — Mêlez ensuite la crème et le beurre, ajoutez-y la julienne de poularde et servez.

POTAGE D'ORGE PERLÉE AUX HARICOTS VERTS

Taillez en losanges 400 grammes de haricots verts fins et faites-les cuire à l'eau de sel. — Égouttez et mettez-les dans la soupière. — Versez dessus un potage d'orge perlée, que vous aurez fait et fini comme le potage à la crème (p. 122).

POTAGE D'ORGE PERLÉE A LA ROYALE

Mettez dans une terrine 10 jaunes d'œufs, une prise de sel, une prise de muscade et 1 demi-litre de consommé de volaille. — Mêlez et passez à l'étamine. — Beurrez un moule uni, mettez-y l'appareil et faites prendre au bain-marie, en veillant à ce que l'eau ne bouille pas. — Au bout d'une heure de cuisson, retirez du feu et laissez refroidir entièrement.

Faites un potage comme le précédent. — Ajoutez-y beurre et crème, puis la crème que vous aurez démoulée et coupée en dés. — Servez.

Carême et un grand nombre de mes confrères faisaient cuire l'orge dans du consommé de volaille très-fort. J'ai fait d'abord comme eux, mais j'ai trouvé que la cuisson était difficile. J'ai essayé, comme c'est l'usage pour les légumes secs, de la cuire avec eau et beurre, et j'ai obtenu un meilleur résultat. J'engage mes confrères et les maîtresses de maison à essayer ce procédé : je suis persuadé qu'ils s'en trouveront bien.

POTAGE MARIE-ANTOINETTE

Braisez une belle poularde avec du consommé de volaille. — Laissez-la refroidir dans sa cuisson, puis égouttez-la. — Levez les chairs et retirez graisse et peaux. — Faites cuire 200 grammes de mie de pain à potage. — Pilez les chairs de la poularde, ajoutez la mie de pain et 1 demi-litre de béchamel réduite. — Passez la cuisson de la poularde à la serviette, dégraissez-la et servez-vous-en pour mouiller la chair de poularde. — Passez à l'étamine. — Mettez la purée dans une casserole et mouillez-la à son point.

Faites une crème d'asperges comme il est dit au Potage aux trois crèmes (p. 56). — Coupez la crème en gros dés. — Mettez la purée sur le feu et chauffezla sans la faire bouillir. — Ajoutez 2 décilitres de crème et mêlez. — Versez la purée dans la soupière, puis avec précaution la crème. — Mêlez légèrement et servez.

POTAGE A L'OSEILLE LIÉ

Prenez 1 demi-kilogramme d'oseille, épluchée, lavée et taillée en chiffonnade. — Mettez-la dans une casserole avec 100 grammes de beurre et une pincée de sel et tournez sur le feu pendant dix minutes. — Mouillez avec 1 litre 1/2 de consommé de volaille. — Faites bouillir, puis mettez sur le coin du fourneau pendant une demi-heure. — Taillez en julienne 200 grammes de croûte de pain à potage, mettez-la dans la purée et faites bouillir. — Mettez 6 jaunes d'œufs dans une terrine, battez-les, ajoutez 2 décilitres de crème et passez à l'étamine. — Versez le potage dans la soupière, mêlez la liaison en remuant pendant deux minutes avec la cuiller et servez.

On peut garnir ce potage de pâtes d'Italie, de macaroni, de riz, de julienne de céleri, de julienne ordinaire ou d'orge perlée.

PANADE A L'EAU

Prenez 500 grammes de pain, cassez-le en morceaux et mettez-le dans une casserole avec 1 litre 1/2 d'eau. — Laissez tremper une demi-heure, puis mettez la casserole sur le feu. — Ajoutez une pincée de sel et 50 grammes de beurre. — Faites cuire pendant vingt minutes, en remuant avec une cuiller de bois. — Lorsque le pain est bien mêlé, cassez 2 œufs dans la soupière et battez-les fortement avec une fourchette. — Ajoutez aux œufs 50 grammes de beurre. — Versez ensuite la moitié de la panade dans la soupière, en ayant soin de bien mêler avec la cuiller. — Ajoutez le restant de la panade en continuant de bien mêler le beurre et les œufs. — Servez.

On fait aussi de la panade au bouillon et au lait. Le travail est le même que pour la panade à l'eau.

CHAPITRE XII

POTAGES A LA PURÉE DE GIBIER [1]

PURÉE DE FAISANS AUX CROUTONS

Faites cuire 3 poules faisanes dans du consommé de volaille. — Les poules cuites, passez et dégraissez parfaitement la cuisson. — Levez la chair des poules et pilez-la avec 200 grammes de mie de pain à potage que vous aurez fait cuire dans du consommé. — Mouillez cette purée avec la cuisson des poules et 1 demi-litre d'espagnole. — Passez à l'étamine. — Mettez dans une casserole. — Mouillez la purée à son point. — Faites chauffer. — Écumez et mettez dans la soupière. — Servez à part des croûtons de pain de mie frits dans du beurre clarifié.

PURÉE DE FAISANS AU RIZ

Préparez une purée comme la précédente et remplacez les croûtons par du riz cuit dans du consommé de gibier.

---

[1]. Voyez, p. 146, les observations sur les purées.

PURÉE DE BÉCASSES AUX CROUTONS

Faites braiser 6 bécasses après en avoir retiré les intestins. — Levez les filets. — Mettez les carcasses dans une casserole et mouillez avec consommé. — Ajoutez un bouquet de persil garni d'une petite feuille de laurier et de même quantité de thym. — Après une heure et demie de cuisson, passez à la serviette et dégraissez. — Pilez les chairs et les filets avec 200 grammes de mie de pain à potage cuit dans du consommé. — Mouillez avec la cuisson de bécasses bien dégraissée et une moitié d'espagnole. — Passez à l'étamine. — Mettez la purée à son point avec consommé de gibier.

Pilez les intestins, après les avoir passés au beurre, avec 20 grammes de beurre et 3 jaunes d'œufs crus. — Passez au tamis de Venise.

Faites 18 croûtons de 2 centimètres de largeur sur 8 millimètres d'épaisseur avec du pain de mie coupé au moyen d'une colonne. — Faites frire ces croûtons dans du beurre clarifié. — Étalez sur chaque croûton de la farce d'intestins à une épaisseur de 1 demi-centimètre. — Faites chauffer la purée sans la laisser bouillir. — Mettez pocher les croûtons. — Mettez la purée dans la soupière et servez croûtons à part.

PURÉE DE BÉCASSINES AUX CROUTONS

Préparez 15 bécassines et faites le potage comme celui des bécasses. — Servez à part les croûtons, qui doivent être faits comme ceux de bécasse.

PURÉE DE BÉCASSINES AU RIZ

Faites un potage avec 15 bécassines comme celui de bécasses et remplacez les croûtons par du riz cuit au consommé.

PURÉE DE PERDREAUX AUX PATES D'ITALIE

Mettez 4 perdreaux dans une casserole avec 1 litre de consommé. — Couvrez-les de bardes de lard. — Ajoutez un bouquet de persil garni et 2 oignons dont un piqué de 2 clous de girofle. — Faites cuire à feu doux pour éviter la réduction. — Les perdreaux cuits, laissez-les refroidir dans la cuisson. — Dès qu'ils sont froids, égouttez. — Faites chauffer la cuisson, dégraissez-la et passez-la au tamis de soie.

Levez les chairs des perdreaux et pilez-les en ajoutant 1 demi-litre d'espagnole réduite. — Mouillez-les avec la cuisson et passez à l'étamine en pressant avec la cuiller de bois. — Mettez la purée dans une casserole, mouillez-la à son point et réservez au bain-marie.

Faites blanchir 100 grammes de pâtes d'Italie. —

Rafraîchissez et mettez-les dans une casserole. — Faites-les cuire avec consommé. — Égouttez-les et versez-les dans la purée que vous mettez pendant trois minutes sur le feu. — Versez dans la soupière et servez.

PURÉE DE PERDREAUX GARNIE DE CRÈME AUX TRUFFES

Faites une crème aux truffes (p. 135). — Lorsqu'elle est bien refroidie, démoulez-la et coupez-la en dés. — Faites une purée de perdreaux comme la précédente, versez-la dans la soupière et mettez la crème de truffes dans la purée, en évitant de la briser.

PURÉE DE PERDREAUX AUX CROUTONS

Préparez une purée comme la purée aux pâtes d'Italie (p. 131). — Faites des croûtons avec du pain de mie et faites-les frire dans le beurre clarifié. — Servez la purée dans une soupière et les croûtons à part.

PURÉE DE MAUVIETTES AUX CROUTONS

Préparez et videz 36 mauviettes. — Réservez-en les intestins. — Foncez une casserole plate de bardes de lard, rangez-y les mauviettes, et couvrez-les de bardes de lard. — Mettez 2 litres de consommé, 1 oignon piqué d'un clou de girofle, un bouquet de persil garni d'une demi-feuille de laurier et même quantité de thym et de basilic. — Faites cuire à feu doux pendant vingt-cinq minutes, puis laissez refroidir. — Égouttez les mauviettes et dégraissez le fond. — Faites chauffer celui-ci et passez-le au tamis de soie.

Levez ensuite les chairs des mauviettes et pilez-les en ajoutant 1 demi-litre d'espagnole et la moitié du fond. — Passez à l'étamine en pressant avec la cuiller de bois. — Mettez la purée à son point avec le fond et du consommé et réservez au bain-marie.

Passez les intestins au beurre et pilez-les en ajoutant 2 jaunes d'œufs et 15 grammes de beurre. — Passez au tamis de Venise. — Faites, avec de la mie de pain, 48 croûtons de 2 centimètres de diamètre et de 1 demi-centimètre d'épaisseur. — Passez-les légèrement au beurre, de manière qu'ils restent moelleux. — Couvrez chaque croûton d'une couche de farce d'intestins de 1 demi-centimètre d'épaisseur. — Au moment de servir, faites pocher les croûtons au four. — Chauffez la purée, versez-la dans la soupière et servez les croûtons à part.

PURÉE DE MAUVIETTES GARNIE DE QUENELLES

Préparez une purée comme la précédente. — Faites 200 grammes de farce de volaille, dans laquelle vous aurez mis les intestins passés au beurre. — Pilez et passez au tamis la farce bien à point. — Beurrez légèrement un plat à sauter et couchez la farce avec un cornet, en quenelles de la grosseur d'un haricot de Soissons. — Au moment de servir, faites pocher les quenelles dans du consommé, égouttez-les et mettez-les dans la soupière. — Versez ensuite doucement la purée, afin de ne pas briser les quenelles.

PURÉE DE MAUVIETTES GARNIE D'UNE JULIENNE DE RACINES DE PERSIL

Coupez de la racine de persil en julienne de 1 centimètre 1/2 de longueur sur 1 demi-centimètre d'épaisseur, de manière à en avoir 2 décilitres après cuisson. — Faites blanchir, rafraîchissez, égouttez, faites cuire et glacer avec consommé et un petit morceau de sucre. — Faites une purée de mauviettes comme la purée de mauviettes aux croûtons. — Au moment de servir, mettez la julienne dans la soupière et versez la purée dessus. — Mêlez avec la cuiller et servez.

PURÉE D'ORTOLANS AUX CROUTONS

Foncez une casserole plate de bardes de lard. — Rangez-y 36 ortolans flambés et épluchés. — Couvrez-les de bardes de lard et de 1 litre 1/2 de consommé. — Faites-les cuire pendant vingt-cinq minutes, puis laissez refroidir. — Égouttez les ortolans. — Faites chauffer le fond et passez-le au tamis de soie. — Dégraissez parfaitement. — Clarifiez la graisse, qui vous servira plus tard à faire frire les croûtons.

Levez les chairs des ortolans et mettez-les dans le mortier. — Pilez, en mouillant avec 1 litre d'espagnole, et passez à l'étamine. — Versez la purée dans une casserole et mettez à son point avec le fond et avec du consommé si besoin est. — Taillez dans du pain de mie des croûtons de 2 centimètres de diamètre et de 1 demi-centimètre d'épaisseur. — Faites ensuite chauffer la purée et versez-la dans la soupière. — Servez à part les croûtons, que vous aurez fait frire dans la graisse des ortolans.

PURÉE D'ORTOLANS GARNIE D'UNE CRÈME AUX TRUFFES

Faites une crème aux truffes comme il suit: Pilez 200 grammes de truffes bien lavées et bien épluchées. — Ajoutez 30 grammes de beurre fin, et passez au tamis de Venise. — Mettez dans une terrine 8 jaunes d'œufs, une prise de poivre, une de sel, une de muscade et 1 décilitre de consommé. — Battez le tout, puis passez à l'étamine. — Mêlez-y les truffes pilées, en ajoutant 1 décilitre de consommé.

Beurrez un moule uni et remplissez-le avec la crème. — Faites prendre au bain-marie, en évitant que la crème ne bouille. — Après une heure de bain-marie, la crème doit être prise, si elle a été faite avec soin.

Préparez ensuite une purée d'ortolans comme la précédente. — Démoulez la crème, coupez-la en dés et mettez-la dans la soupière. — Versez la purée doucement le long des parois de la soupière et servez.

PURÉE DE GRIVES GARNIE DE CÉLERI

Préparez 12 grives et rangez-les dans une casserole que vous aurez foncée de bardes de lard. — Couvrez aussi les grives de bardes. — Ajoutez un bouquet de persil garni d'une petite feuille de laurier et d'une même quantité de thym. — Couvrez les grives de consommé et faites-les cuire à feu doux. — Quand elles sont cuites, laissez-les refroidir à moitié et égouttez-les. — Dégraissez le fond et passez-le au tamis de soie.

Faites cuire 200 grammes de mie de pain à potage avec 2 décilitres du fond. — Levez les chairs des grives, mettez-les dans le mortier et pilez-les. — Ajoutez la mie de pain et mouillez avec 1 litre d'espagnole. — Lorsque le tout est bien pilé, passez à l'étamine. — Mettez la purée dans une casserole et mouillez-la à son point avec le reste du fond et avec du consommé. — Au moment de servir, faites chauffer la purée. — Servez à part des croûtons de pain de mie passés au beurre.

PURÉE DE GRIVES GARNIE DE CÉLERI A LA FRANÇAISE

Coupez en dés du blanc de céleri en quantité suffisante pour en avoir 2 décilitres après cuisson. — Blanchissez le céleri, faites-le cuire et glacez-le dans du consommé. — Préparez une purée comme la précédente et mettez-la dans la soupière. — Mêlez le céleri à la purée et servez.

PURÉE DE BECFIGUES AU RIZ

Préparez et faites cuire 36 becfigues comme les ortolans (p. 134). — Finissez la purée de la même manière. — Lavez et blanchissez 100 grammes de riz, et, après l'avoir égoutté, mettez-le dans une casserole avec la graisse des becfigues et 50 grammes de beurre. — Faites blondir le riz, puis mouillez-le avec du consommé en ajoutant une prise de mignonnette. — Faites cuire pendant vingt-cinq minutes, au bout desquelles tout le consommé doit être absorbé. — Mêlez le riz à la purée et servez.

PURÉE DE BECFIGUES AUX CROUTONS

Même préparation et même travail que pour le potage précédent. — Remplacez le riz par des croutons de pain de mie frits dans le beurre clarifié.

PURÉE DE BARTAVELLES AUX TRUFFES

Préparez 4 bartavelles, bridez-les, enveloppez-les de bardes de lard et mettez-les dans une casserole avec consommé, un bouquet garni, 1 oignon, une prise de mignonnette et 250 grammes de truffes bien épluchées. — Faites cuire à point et laissez refroidir à moitié. — Égouttez les bartavelles, levez les chairs et pilez-les en les mouillant avec 1 litre d'espagnole. — Les chairs bien pilées, passez à l'étamine, en les mouillant avec la cuisson, qui doit être passée au tamis de soie et bien dégraissée. — Si la purée était trop épaisse, il faudrait ajouter du consommé. — Coupez en julienne les truffes que vous avez fait cuire avec les bartavelles. — Mettez la purée dans la soupière, versez-y la julienne, mêlez et servez.

PURÉE DE BARTAVELLES AU RIZ

Préparez une purée comme la précédente. — Lavez et blanchissez 100 grammes de riz de Caroline. — Faites-le crever dans du consommé de perdreaux. — Après cuisson, mêlez-le à la purée et servez.

PURÉE DE VANNEAUX GARNIE DE RACINES DE PERSIL

Préparez 8 vanneaux. — Foncez une casserole de bardes de lard et rangez les vanneaux dessus. — Recouvrez-les de bardes et ajoutez un bouquet de persil garni d'une demi-feuille de laurier, même quantité de thym et de basilic, une prise de mignonnette et 2 échalotes. — Mouillez avec 1 litre de consommé et faites cuire. — Les vanneaux cuits, laissez refroidir à moitié dans la cuisson. — Retirez ensuite les vanneaux, levez les chairs et pilez-les, en les mouillant avec 1 litre d'espagnole. — Passez à l'étamine. — Dégraissez et passez la cuisson au tamis de soie. — Mettez la purée dans une casserole et mouillez-la à son point. — Faites 2 décilitres de julienne de racines de persil. — Blanchissez et faites cuire dans du consommé. — La julienne bien glacée, mêlez-la à la purée et servez.

PURÉE DE VANNEAUX AU RIZ

Préparez la purée comme la précédente. — Remplacez la julienne par 100 grammes de riz blanchi et cuit au consommé.

On peut aussi garnir ce potage d'œufs de vanneau pochés.

PURÉE DE PLUVIERS GARNIE DE RACINES DE PERSIL

Même préparation et même travail que pour le potage de vanneaux (p. 138).

Ce potage se garnit aussi de riz, ou de croûtons de pain frits dans du beurre clarifié.

PURÉE DE GELINOTTES GARNIE D'UN SALPICON DE NAVETS

Préparez et faites cuire 3 gelinottes comme nous l'avons expliqué au potage aux bartavelles (p. 137). — Levez les chairs. — Dégraissez et passez le fond.

— Pilez les chairs en les mouillant avec 1 litre d'espagnole. — Passez à l'étamine et mouillez la purée avec le fond et avec consommé de volaille. — Faites 5 décilitres de navets coupés en dés. — Blanchissez-les et faites-les cuire avec du consommé. — Quand les navets sont glacés, mêlez-les à la purée. — Versez dans la soupière et servez.

PURÉE DE GELINOTTES AUX CROUTONS

Préparez une purée comme la précédente. — Prenez des croûtons de pain de mie et faites-les frire dans du beurre clarifié. — Versez la purée dans la soupière et servez les croûtons à part.

PURÉE DE LAPEREAUX AUX CROUTONS

Prenez 4 culottes de lapereaux, c'est-à-dire les cuisses et les filets. — Foncez une casserole de bardes de lard. — Rangez les culottes dessus et couvrez-les de bardes de lard et de consommé. — Ajoutez un bouquet de persil garni d'une demi-feuille de laurier, d'une même quantité de thym et de basilic, de 2 échalotes et de 1 oignon piqué de 2 clous de girofle. — Mettez sur feu doux. — Les lapereaux cuits, ôtez du feu et laissez refroidir à moitié. — Retirez les culottes, levez les chairs et pilez-les en les mouillant avec 1 litre d'espagnole et le fond que vous aurez dégraissé et passé au tamis de soie. — Passez à l'étamine. — Mouillez la purée à son point avec consommé de gibier. — Faites des croûtons avec du pain de mie et passez-les au beurre clarifié. — Faites chauffer la purée, mettez-la dans la soupière et servez les croûtons à part.

PURÉE DE LAPEREAUX AU RIZ

Faites une purée comme la précédente. — Remplacez les croûtons par 100 grammes de riz blanchi et cuit au consommé. — Mêlez le riz à la purée et servez.

PURÉE DE LAPEREAUX GARNIE DE LENTILLES A LA REINE

Faites une purée comme la purée de lapereaux aux croûtons. — Faites cuire 1 demi-litre de lentilles à la reine. — Égouttez-les, mêlez-les à la purée et servez.

PURÉE DE CAILLES AUX CROUTONS

Foncez une casserole de bardes de lard. — Rangez dessus 12 cailles toutes préparées, couvrez-les de bardes et de consommé. — Ajoutez un bouquet de persil garni. — Mettez sur feu doux, et lorsque les cailles sont cuites, laissez refroidir à moitié. — Égouttez les cailles, levez les chairs, dégraissez le fond avec soin et passez au tamis de soie. — Clarifiez la graisse, qui vous servira à passer les croûtons. — Pilez les chairs en ajoutant 1 litre d'espagnole et le fond des cailles. — Passez à l'étamine. — Mettez la purée dans une casserole et mouillez-la à son point.

Faites un cent de petits croûtons de 5 millimètres d'épaisseur, coupés avec une colonne de 1 centimètre de large. — Faites frire ces croûtons dans la graisse des cailles. — Faites chauffer la purée. — Mettez-la dans la soupière et servez les croûtons à part.

PURÉE DE CAILLES GARNIE DE MACARONI

Faites une purée comme la précédente et garnissez-la avec 100 grammes de petit macaroni que vous aurez blanchi, rafraîchi, coupé en dés et cuit dans du consommé. — Au moment de servir, égouttez le macaroni, mettez-le dans la soupière, versez la purée, mêlez et servez.

POTAGE BEAUFORT

Chaque fois que j'ai vu servir ce potage, il m'a semblé bizarre : il est faux de couleur, ce qui ne le rend pas appétissant. Cependant mes maîtres le faisaient servir et on le trouvait bon. Je dois donc le mettre dans ce livre, quitte à mes confrères de ne jamais le proposer.

Faites 1 litre 1/2 de purée de volaille et 1 litre 1/2 de purée de perdreaux. — Mêlez dans la soupière, en ajoutant 100 grammes de beurre très-fin. — Servez à part des croûtons de pain de mie passés au beurre.

PURÉE DE VOLAILLE AU RIZ

Préparez 2 poulets gras. — Mettez-les dans une casserole avec 1 oignon et un bouquet de persil. — Couvrez-les de bardes de lard et de consommé de volaille. — Mettez sur le feu. — Aussitôt que les poulets sont cuits, retirez du feu et laissez refroidir à moitié. — Égouttez les poulets; dégraissez et passez le fond. — Levez les chairs des poulets et pilez-les en ajoutant 200 grammes de mie de pain à potage bien cuite dans du consommé de volaille et 1 demi-litre de béchamel réduite. — Quand le tout est pilé, passez à l'étamine. — Mettez la purée dans une casserole et mouillez-la à son point. — Faites blanchir 100 grammes de riz; rafraîchissez-le et faites-le cuire dans du consommé de volaille. — Au moment de servir, faites chauffer la purée, égouttez le riz, mêlez-le à la purée et servez.

PURÉE DE VOLAILLE AUX PETITS POIS, AUX POINTES D'ASPERGE, AUX CROUTONS

Tous ces potages se font de la même manière que la purée de volaille au riz : il n'y a que la garniture à changer.

PURÉE DE VOLAILLE AU LAIT D'AMANDES

Préparez une purée comme la purée au riz (p. 143). — Faites un lait d'amandes avec 100 grammes d'amandes flots, en ayant soin de ne pas y mêler d'amandes amères. — Lorsque les amandes sont mondées, lavez-les et essuyez-les dans une serviette. — Pilez ces amandes en pâte et mouillez avec 3 décilitres de bonne crème. — Pressez les amandes dans une grosse serviette neuve et bien propre. — Au moment de servir, mêlez le lait d'amandes à la purée et servez.

PURÉE DE JAMBON AUX CROUTONS

Prenez 750 grammes de maigre de jambon de Bayonne et coupez-le en gros dés. — Faites blanchir et dégorger pendant douze heures. — Égouttez et faites cuire avec un bouillon très-léger. — Quand le jambon est bien cuit, égouttez-le, pilez-le et mouillez-le avec 1 litre d'espagnole. — Passez à l'étamine, mettez dans une casserole et mouillez la purée à son point. — Faites bouillir, puis laissez mijoter sur le coin du fourneau pendant vingt minutes. — Écumez et versez dans la soupière. — Servez à part des croûtons de pain de mie passés au beurre clarifié.

POTAGES A LA PURÉE DE GIBIER

PURÉE DE JAMBON AU MACARONI

Faites blanchir 100 grammes de macaroni, rafraîchissez-le et coupez-le en morceaux de la longueur d'un centimètre. — Finissez de le cuire dans du consommé. — Égouttez-le et versez-le dans la soupière. — Couvrez-le d'une purée de jambon préparée comme la précédente. — Servez à part du fromage de Parmesan râpé.

PURÉE DE JAMBON AUX PETITS POIS

Faites cuire 6 décilitres de petits pois à l'eau de sel. — Égouttez-les et mettez-les dans la soupière. — Versez dessus une purée de jambon (p. 144) et servez.

PURÉE DE JAMBON A LA CRÈME DE TRUFFES

Préparez une crème de truffes au bain-marie (p. 135). — Coupez-la en dés et réservez-la sur une assiette. — Faites une purée au jambon comme la purée de jambon aux croûtons (p. 144). — Versez-la dans la soupière, mêlez-y légèrement la crème de truffes et servez.

PURÉE DE JAMBON GARNIE D'UNE CRÈME AU CONSOMMÉ ET AU MADÈRE

Mettez dans une terrine 8 jaunes d'œufs, 3 décilitres de consommé, 1 décilitre de madère, une petite prise de sel et une pincée de muscade. — Battez le tout et passez à l'étamine. — Beurrez un moule uni qui puisse contenir toute la crème et faites-la prendre au bain-marie. — Laissez refroidir. — Versez la purée dans la soupière. — Ajoutez la crème après l'avoir coupée en gros dés. — Mêlez légèrement et servez.

OBSERVATIONS SUR LES PURÉES

A moins de recommandation contraire, on ne doit pas servir les purées trop épaisses, surtout celles qui sont garnies.

On ajoutera à toutes les purées 5 grammes de sucre par 3 litres de potage. Si elles ne sont pas bien lisses, on les passera une seconde fois à l'étamine.

On blanchira les légumes verts dans un poêlon d'office, et seulement au dernier moment, afin de n'être pas obligé de les rafraîchir.

Les croûtons destinés à être séchés à l'étuve ou au four doivent être taillés dans la croûte des pains à potage : on leur donne 2 centimètres de dimension. Pour faire ces sortes de croûtons, on trouve chez les couteliers des outils en acier de la grandeur voulue. Il vaut mieux sécher les croûtons au four qu'à l'étuve ; mais il faut les surveiller attentivement, car ils brûlent vite : ils doivent à peine être colorés.

Si l'on veut que la purée ne laisse rien à désirer,

on emploiera tout ce qu'il y a de meilleur en crème.

Les croûtons frits dans le beurre doivent être d'un jaune d'or. Trop frits, ils deviennent âcres et dénaturent le potage.

On doit toujours goûter le potage, afin d'être sûr de l'assaisonnement.

S'il arrivait que la purée se relâchât, on prendrait 3 cuillerées à bouche d'arrow-root, que l'on délayerait avec du consommé froid. On mêlerait celui-ci à la purée et on ferait bouillir deux minutes.

Lorsqu'on emploiera du thym ou du laurier frais, on ne devra mettre que la moitié de la dose prescrite.

Le terme *préparez*, dont nous nous sommes servi dans les recettes qui précèdent, signifie que volaille et gibier doivent être épochés, vidés, flambés et épluchés lorsque l'on commence l'opération.

Nous avons déjà recommandé les étamines de soie : elles seules permettent de faire un beau travail. A défaut de tamis de soie, on prend une grosse serviette, que l'on passe à l'eau bouillante, afin qu'elle ne communique pas un goût de savon au consommé.

J'ai toujours remarqué que l'on faisait rôtir la volaille et le gibier destinés aux purées. Ce procédé, bien que consacré par un long usage, ne m'a jamais satisfait. Il est vrai que, pour rôtir ces pièces, on les recouvre de lard et de plusieurs feuilles de papier; mais cela n'empêche pas qu'il n'y ait une certaine déperdition de jus. En braisant la volaille et le gibier, j'ai obtenu un meilleur résultat qu'avec les viandes préalablement rôties : d'une part, les purées sont plus onctueuses et, d'autre part, il n'y a aucune perte d'essence, puisque la cuisson est utilisée pour le potage; en outre, les purées sont moins susceptibles de tourner lorsqu'on les chauffe. Si, par extraordinaire, elles grenaient, on aurait bien vite réparé le mal en les repassant à l'étamine, chose qu'il est impossible de faire avec les viandes rôties.

CHAPITRE XIII

POTAGES AUX PROFITEROLLES

POTAGE PROFITEROLLES A LA REGGIO

Commandez dès la veille 30 petits pains faits avec de la pâte de pain à potage : ces petits pains ne doivent avoir que 3 centimètres de largeur. — Faites de la farce de volaille dans laquelle vous ajouterez du beurre d'écrevisses. — Videz avec soin les petits pains par-dessous. — Emplissez-les de farce et remettez le rond de pain sur la farce. — Beurrez un plat à sauter, rangez-y les pains et, vingt minutes avant de servir, faites pocher feu dessus et dessous. — Assurez-vous si la farce est pochée en levant le dessous d'un pain. — Quand les pains sont à leur point, rangez-les dans la soupière. — Ajoutez les queues d'écrevisse, dont les coquilles auront servi à faire le beurre, ainsi que les têtes d'une botte d'asperges en branche et une pluche de cerfeuil. — Versez sur le tout 3 litres d'empotage (p. 25) et servez.

POTAGE PROFITEROLLES AU CHASSEUR

Faites braiser 2 perdreaux rouges. — Quand ils sont cuits, laissez refroidir à moitié. — Égouttez, levez les chairs et pilez-les en ajoutant 1 décilitre de béchamel réduite, 1 décilitre de cuisson de perdreaux bien dégraissée et passée, une pointe de muscade, une pointe de mignonnette et 6 jaunes d'œufs. — Videz les petits pains comme les précédents, garnissez-les de farce et rangez-les dans un plat à sauter beurré. — Passez et dégraissez le fond des perdreaux et mettez-les dans une casserole avec 2 litres 1/2 d'empotage. — Clarifiez le tout avec une perdrix bien pilée. — Faites pocher les petits pains et rangez-les dans la soupière avec 3 décilitres de légumes préparés comme pour le potage printanier. — Versez le consommé dessus et servez.

POTAGE PROFITEROLLES A LA MONGLAS

Faites du salpicon de foie gras et de truffes cuites au madère de manière à en avoir 3 décilitres. — Mêlez ce salpicon dans de la béchamel réduite. — Videz et garnissez 30 petits pains. — Mettez-y une légère couche de farce de volaille et remettez le fond de pain. — Beurrez un plat à sauter et rangez-y les pains. — Vingt minutes avant de servir, faites pocher les profiterolles et rangez-les dans la soupière.

— Versez dessus 3 litres d'empotage bouillant et servez.

POTAGE PROFITEROLLES A LA MONTGOLFIER

Faites braiser 2 perdreaux rouges. — Laissez-les refroidir à moitié dans le fond. — Égouttez les perdreaux. — Levez les chairs et pilez-les. — Ajoutez 2 décilitres de béchamel réduite, une petite prise de sel, une de muscade et une de poivre, 4 jaunes d'œufs, 25 grammes de beurre ramolli en crème. — Passez la purée à l'étamine. — Mêlez à la purée 2 blancs d'œufs fouettés. — Videz 30 profiterolles sur le dessus, garnissez-les avec l'appareil et rangez-les dans un plat à sauter beurré. — Vingt-cinq minutes avant de servir, faites pocher les profiterolles, rangez-les dans la soupière et versez dessus un consommé bouillant fait avec le fond des perdreaux bien dégraissé, 1 litre d'empotage et 1 litre 1/2 de consommé de perdreaux. — Clarifiez le tout avec de la rouelle de veau pilée et servez.

POTAGE PROFITEROLLES A LA PÉRIGORD

Faites rôtir un faisan à la broche, après l'avoir emballé de bardes de lard et de papier beurré. — Lorsqu'il est cuit et refroidi, levez les filets et taillez-les en petites escalopes. — Mettez la carcasse du faisan dans la casserole avec un bouquet assaisonné, une prise de mignonnette, une de muscade, une de sel et 3 litres 1/2 de consommé. — Faites bouillir, écumez et laissez mijoter pendant deux heures sur le coin du fourneau. — Passez le consommé à la serviette. — Faites cuire dans le consommé 200 grammes de truffes. — Les truffes cuites, laissez-les refroidir, puis escalopez-les, ainsi que 25 champignons moyens. — Mettez le tout avec 2 décilitres d'espagnole réduite. — Mêlez, et garnissez 30 profiterolles que vous aurez vidées en dessous. — Mettez une légère couche de farce, puis le rond de pain dessus. — Rangez-les dans un plat à sauter légèrement beurré.

POTAGE PROFITEROLLES A LA CONDÉ

Faites un salpicon avec crêtes, ris d'agneau et champignons. — Mêlez ce salpicon à 2 décilitres de purée de volaille. — Videz 30 profiterolles par le dessous, puis garnissez-les avec le salpicon. — Recouvrez celui-ci avec une légère couche de farce et remettez le rond de pain sur la farce. — Rangez les profiterolles dans un plat à sauter légèrement beurré. — Au moment de servir, faites pocher les profiterolles feu dessus et dessous : vingt minutes doivent suffire. — Rangez-les dans la soupière. — Égouttez 3 décilitres de carottes tournées en petites olives cuites au consommé. — Versez dessus le consommé de volaille et servez.

OBSERVATIONS SUR LES PROFITEROLLES

Ces potages, si chers aux gourmets, ne sont plus guère servis, même sur les tables des bonnes maisons, car on ne donne au cuisinier ni l'argent ni les aides nécessaires. Voici comment j'avais l'habitude d'opérer : Après avoir préparé les profiterolles, je les arrosais légèrement avec du consommé avant de les faire pocher : il en résultait que les profiterolles se trouvaient toutes trempées sans avoir terni le consommé; puis je les dressais sur un plat d'argent et je servais le consommé et les profiterolles séparément. Par ce moyen, le potage conserve toute sa netteté.

LIVRE II

POTAGES MAIGRES

CHAPITRE PREMIER

POTAGES MAIGRES AUX RACINES

CONSOMMÉ DE RACINES

Prenez 500 grammes de carottes, 200 grammes de poireaux, 500 grammes d'oignons, 100 grammes de céleri, 300 grammes de navets et 100 grammes de racine de persil. — Mettez toutes ces racines dans une casserole avec 400 grammes de beurre. — Passez sur le feu jusqu'à ce que les légumes aient pris une couleur rouge foncé, sans cependant être brûlés. — Mouillez-les avec bouillon de lentilles et de haricots. — Pour cela faites cuire 1 litre 1/2 de lentilles dans 4 litres d'eau. — Faites de même avec 1 litre 1/2 de haricots. — Laissez reposer et, au moment de mouiller les racines, tirez à clair les deux cuissons, en évitant de mettre du fond, ce qui troublerait le consommé. — Faites bouillir et ajoutez du sel si les bouillons de haricots et de lentilles ne sont pas assez salés. — Finissez de cuire sur le coin du fourneau. — Après deux heures de cuisson, passez à la serviette et réservez.

Ce consommé sert à mouiller tous les potages de racines, tels que julienne, brunoise, printanier, julienne de céleri, de racine de persil, etc., etc.

JULIENNE MAIGRE

Préparez une julienne avec carottes, navets, poireaux, oignons et blanc de céleri en branches. — Mettez tous ces légumes dans une casserole avec beurre et passez-les sur le feu jusqu'à ce qu'ils soient devenus rouges. — Mouillez avec consommé de racines. — Faites bouillir et, au premier bouillon, mettez sur le coin du fourneau. — Laissez mijoter pendant deux heures. — Écumez ensuite et servez.

Il faut apporter beaucoup d'attention à la préparation du premier bouillon : on ne doit pas laisser bouillir en plein feu si l'on veut obtenir un potage clair.

POTAGE BRUNOISE

Taillez des carottes, des navets et des poireaux en dés. — Passez-les au beurre jusqu'à ce qu'ils soient rouges. — Mouillez avec consommé de racines. — Faites bouillir et, au premier bouillon, mettez sur le coin du fourneau pendant deux heures. — Faites une chiffonnade d'oseille et de laitue et ajoutez-la au potage une demi-heure avant de le retirer du feu. — Au moment de servir, écumez le potage et servez.

POTAGE PRINTANIER

Coupez avec une colonne de 8 millimètres de large des carottes et des navets sur une épaisseur de 8 millimètres. — Mettez chaque légume dans une casserole. — Blanchissez, rafraîchissez et remettez-les dans leur casserole avec beurre, eau, sel et un peu de sucre. — Faites cuire et glacer. — Coupez en losanges des haricots verts. — Coupez des pointes d'asperges. — Ayez des petits pois. — Faites cuire ces trois légumes à l'eau de sel. — Au dernier moment mettez-les tous dans la soupière et versez le potage dessus.

Ce potage, comme la julienne et la brunoise, se garnit d'œufs pochés, de crème à la royale et de croûtons de croûte de pain à potage séchés au four.

POTAGE AU SALEP GARNI DE PETITS POIS

Mettez dans une casserole 2 litres 1/2 de consommé de racines. — Faites bouillir. — Ajoutez 50 grammes de salep et 1 litre de pois fins. — Mêlez avec la cuiller. — Mettez sur le coin du fourneau : il faut que l'ébullition se fasse lentement. — Quand les petits pois sont cuits, écumez le potage et servez.

POTAGE AU SALEP GARNI D'UNE JULIENNE DE CÉLERI

Préparez 3 décilitres de julienne de céleri. — Lorsqu'il sera glacé, préparez un potage comme le précédent. — Mêlez la julienne de céleri et servez.

POTAGE AU SALEP GARNI D'UNE JULIENNE

Faites une julienne comme la précédente. — Lorsqu'elle sera glacée, mettez-la dans la soupière et versez dessus un potage au salep cuit comme le potage aux petits pois.

POTAGE DE RIZ AU CONSOMMÉ DE RACINES

Lavez et blanchissez 250 grammes de riz de Caroline, égouttez-le et mettez-le dans une casserole avec 3 litres de consommé de racines. — Faites bouillir et, au premier bouillon, mettez cuire sur cendre rouge pendant une demi-heure. — Écumez le potage et servez.

POTAGE DE RIZ A LA VERTPRÉ

Préparez un potage comme le précédent. — Garnissez-le avec 2 décilitres de petits pois, 2 décilitres de pointes d'asperges et 2 décilitres de haricots verts coupés en losanges. — Faites cuire tous ces légumes à l'eau de sel. — Égouttez-les et mettez-les dans la soupière. — Versez dessus un potage au riz fait comme le précédent et servez.

POTAGE DE RIZ A LA NIVERNAISE

Préparez 4 décilitres de carottes tournées en petites olives. — Faites cuire et glacer. — Préparez un potage au riz comme le potage au consommé. — Mettez-y la nivernaise et donnez un bouillon. — Écumez et servez.

POTAGE DE RIZ A LA BRUNOISE

Faites un potage au riz comme le potage au consommé. — Faites cuire et glacer une brunoise et ajoutez-la au potage. — Donnez un bouillon et servez.

SEMOULE AU CONSOMMÉ DE RACINES

Mettez dans une casserole 3 litres de consommé de racines. — Faites bouillir. — Mêlez-y 150 grammes de semoule en remuant bien avec la cuiller. — Laissez cuire une demi-heure sur cendre rouge. — Au moment de servir, écumez et servez.

SAGOU GARNI DE NAVETS

Levez à la cuiller des boules de navets de 12 millimètres. — Faites-les blanchir, cuire et glacer avec eau, beurre, très-peu de sel et un petit morceau de sucre. — Mettez dans une casserole 3 litres de consommé de racines et lorsqu'il commence à bouillir, versez-y 50 grammes de sagou, en remuant avec la cuiller pour bien mêler. — Finissez de cuire sur cendre rouge pendant une demi-heure. — Ajoutez ensuite les navets, donnez un bouillon, écumez et servez.

SAGOU A LA CHIFONNADE

Préparez un potage de sagou comme le précédent. — Faites une chiffonnade avec laitue et oseille. — Lorsqu'elle est blanchie et cuite dans du consommé de racines, mettez-la dans le potage. — Faites bouillir et servez.

SAGOU AUX POINTES D'ASPERGES

Faites un potage comme le précédent. — Ajoutez 3 décilitres de pointes d'asperges cuites à l'eau de sel. — Faites bouillir, écumez et servez.

SAGOU AU CONSOMMÉ DE RACINES

Faites bouillir 3 litres de consommé de racines. — Mêlez-y 50 grammes de sagou. — Finissez de cuire le potage sur cendre rouge pendant une demi-heure. — Écumez et servez.

TAPIOCA AUX HARICOTS VERTS

Mettez dans une casserole 3 litres de consommé de racines et faites-le bouillir. — Mêlez-y 120 grammes de tapioca. — Finissez de le cuire sur le coin du fourneau. — Taillez 3 décilitres de haricots verts en losanges. — Faites-les cuire à l'eau de sel. — Égouttez-les, mettez-les dans le potage, écumez et servez.

TAPIOCA A LA BRUNOISE

Faites un potage tapioca comme le précédent et garnissez-le avec 4 décilitres de brunoise cuite et glacée (p. 156). — Donnez un bouillon, écumez et servez.

TAPIOCA AU CONSOMMÉ DE RACINES

Faites bouillir 3 litres de consommé de racines. — Mêlez-y 350 grammes de tapioca. — Ajoutez une branche de céleri. — Finissez de cuire sur le coin du fourneau à casserole couverte. — Retirez la branche de céleri, écumez et servez.

VERMICELLE AU CONSOMMÉ DE RACINES

Faites blanchir 250 grammes de vermicelle dans de l'eau salée. — Égouttez et rafraîchissez. — Faites bouillir 3 litres de consommé de racines. — Mêlez-y le vermicelle en remuant avec la cuiller. — Finissez de cuire sur le coin du fourneau à casserole couverte. — Après vingt-cinq minutes de cuisson, écumez et servez.

VERMICELLE AUX POINTES D'ASPERGES

Faites un potage comme le précédent et garnissez-le avec 3 décilitres de pointes d'asperges cuites à l'eau de sel.

VERMICELLE À L'OSEILLE

Faites une chiffonnade d'oseille. — Passez-la au beurre et finissez de la cuire avec consommé de racines. — Préparez un potage comme le vermicelle au consommé de racines. — Ajoutez la chiffonnade et servez.

VERMICELLE AU CÉLERI

Faites 3 décilitres de julienne de céleri. — Faites-la cuire et glacer. — Mettez-la dans un potage vermicelle au consommé. — Faites bouillir, écumez et servez.

POTAGE DE PATES D'ITALIE AU CONSOMMÉ DE RACINES

Faites blanchir 250 grammes de pâtes d'Italie, rafraîchissez-les et mettez-les de suite dans 3 litres de consommé de racines. — Faites bouillir et, au premier bouillon, mettez sur le coin du fourneau pendant vingt minutes. — Écumez ensuite et servez.

POTAGE DE NOUILLES AU CONSOMMÉ DE RACINES

Faites blanchir 250 grammes de nouilles de Naples. — Égouttez, rafraîchissez et mettez-les dans 3 litres de consommé bouillant, en remuant avec la cuiller. — Au premier bouillon, mettez mijoter sur le coin du fourneau pendant vingt minutes. — Écumez et servez.

POTAGE DE LASAGNES AU CONSOMMÉ DE RACINES

Même quantité de lasagnes et de consommé. — Même travail que pour le potage aux nouilles.

POTAGE DE MACARONI AU CONSOMMÉ DE RACINES

Faites blanchir 120 grammes de petit macaroni. — Lorsqu'il est blanchi, rafraîchissez-le et coupez-le en morceaux de 2 centimètres de longueur. — Remettez-le dans la casserole avec consommé de racines et 50 grammes de beurre, une pincée de poivre et finissez de le cuire. — Lorsqu'il est cuit, égouttez-le, mettez-le dans la soupière, versez dessus 2 litres 1/2 de consommé de racines et servez.

On sert avec tous ces potages une assiette de fromage de Parmesan râpé. — On peut aussi garnir les potages de pâtes avec des légumes, tels que carottes, oignons, petits pois, pointes d'asperges, céleri-rave, céleri en branches, concombres, etc.

OBSERVATIONS SUR LES PURÉES MAIGRES

Lorsque l'on voudra faire des potages de purées maigres, il faudra procéder comme pour les purées grasses : le travail est le même. On remplacera les consommés de viande et de volaille par le consommé de racines et l'on fera cuire les légumes avec eau, beurre et sel. Il en sera de même pour les pâtes : on finira, comme les purées grasses, avec beurre et crème. Les potages liés à l'œuf doivent l'être uniformément. Je n'ai pas cru devoir en donner ici la description : cela eût fait des répétitions inutiles. Pour peu que l'on apporte du soin à la préparation de ces purées, on est sûr d'obtenir de bons résultats.

CHAPITRE II

POTAGES MAIGRES DE POISSON

CONSOMMÉ DE POISSON

Mettez dans une casserole 500 grammes de carottes émincées, 500 grammes d'oignons, 50 grammes d'échalotes, 50 grammes d'ail, 50 grammes de persil, 50 grammes de céleri, 10 grammes de laurier, 10 grammes de thym, 10 grammes de basilic, 20 grammes de muscade, 20 grammes de mignonnette et 500 grammes de beurre. — Mettez le tout sur feu gai et tournez avec la cuiller de bois, afin que les légumes prennent une couleur rouge acajou et ne s'attachent pas au fond de la casserole.

Lorsque les légumes auront la couleur voulue, mouillez avec 4 litres d'eau et 2 litres de vin blanc sec. — Ajoutez 1 kilogr. de têtes de turbot, 1 kilogr. de soles dont vous aurez levé les filets, 1 kilogr. de merlans dont vous aurez également levé les filets, 1 kilogr. de grondins, 3 décilitres d'eau de moules peu salée et 5 grammes de sucre.

Faites bouillir jusqu'à entière cuisson des grondins. — Retirez alors les grondins. — Passez le consommé à la serviette et clarifiez-le avec les filets de merlan que vous aurez pilés et mouillés avec 4 blancs d'œufs. — Le consommé clarifié, passez-le à la serviette ou à la chausse.

Lorsque ce consommé est bien fait, il présente une couleur rouge foncé. — On réserve les filets de sole pour entrée.

POTAGE DE QUENELLES DE MERLAN AU CONSOMMÉ

Prenez 200 grammes de chair de merlan, 100 grammes de panade et 75 grammes de beurre. — Pilez la chair de merlan et passez-la au tamis. — Remettez-la dans le mortier, ajoutez le beurre et assaisonnez de sel, poivre et muscade. — Versez-y la panade, ajoutez 4 jaunes d'œufs et travaillez au pilon.

On fait un essai en pochant une petite quenelle, car cette farce doit être très-ferme. — On la met à point avec de la béchamel maigre et très-réduite. — On verse la sauce peu à peu, et lorsque la farce est à point, on la relève du mortier.

Beurrez ensuite un plat à sauter et couchez les quenelles avec une cuiller à café ou au cornet : elles ne doivent pas dépasser la grosseur d'une petite olive.

Au moment de servir, pochez les quenelles, égouttez-les, mettez-les dans la soupière et versez dessus 3 litres de consommé de poisson.

Cette farce doit être très-délicate : elle demande à être faite vivement et avec une extrême propreté.

POTAGE DE QUENELLES DE MERLAN AUX RACINES DE PERSIL

Préparez des quenelles comme les précédentes et ayez du consommé de poisson (p. 165). — Faites 2 décilitres de julienne de racines de persil, ajoutez une pluche de persil et finissez comme le potage précédent.

POTAGE DE QUENELLES DE GRENOUILLE AU CONSOMMÉ

Ayez 100 grammes de chair de grenouille. — Faites une farce comme celle des quenelles de merlan. — Mettez dans une casserole 1 oignon coupé en gros dés, avec 30 grammes de beurre, une prise de sel, une de mignonnette, une de muscade, 1 gousse d'ail et 2 échalotes. — Passez le tout sur le feu jusqu'à ce que les aromates soient devenus blonds, puis mouillez avec consommé de poisson. — Au premier bouillon, écumez et mettez sur le coin du fourneau. — Au bout d'une heure de cuisson, passez le consommé à la serviette. — Pochez les quenelles, égouttez-les et mettez-les dans la soupière. — Versez le consommé dessus et servez.

POTAGE DE QUENELLES DE GRENOUILLE GARNIES DE CÉLERI

Préparez des quenelles et un consommé comme pour le potage précédent. — Faites 3 décilitres de julienne avec du blanc de céleri, que vous blanchirez, rafraîchirez et ferez cuire et glacer. — Mettez julienne et quenelles dans la soupière. — Versez le consommé dessus et servez.

Avec ces derniers potages on sert des croûtons faits avec de la croûte de pain à potage et passés au four.

POTAGE DE QUENELLES DE BROCHET AU CONSOMMÉ

Faites une farce de brochet en tout point semblable à celle de merlan. — Préparez un consommé de poisson (p. 165). — Mettez les quenelles dans la soupière et ajoutez-y une pluche de cerfeuil. — Versez le consommé dessus et servez.

POTAGE DE QUENELLES DE BROCHET A LA BRUNOISE

Préparez consommé et quenelles comme les précédents. — Faites 3 décilitres de brunoise maigre et versez-la avec les quenelles dans la soupière. — Versez le consommé dessus et servez.

POTAGE DE QUENELLES DE CARPE

Préparez une farce de carpe comme celle de merlan (p. 166) et un consommé de poisson (p. 165). — Finissez comme le potage aux quenelles de merlan et servez.

POTAGE PRINTANIER AUX QUENELLES DE CARPE

Faites 5 décilitres de printanier maigre, avec carottes, navets, céleri, poireaux, petits pois et pointes d'asperges. — Mettez les quenelles et le printanier dans la soupière. — Versez du consommé de poisson dessus et servez.

POTAGE DE QUENELLES DE SAUMON AU CONSOMMÉ

Faites une farce de saumon comme celle de merlan. — Lorsque les quenelles auront été pochées et égouttées, mettez-les dans la soupière. — Ajoutez le consommé et servez.

POTAGE DE QUENELLES DE SAUMON
AU CÉLERI

Préparez en julienne 3 décilitres de blanc de céleri. — Lorsqu'il est cuit, mettez-le dans la soupière, avec des quenelles de saumon préparées comme les précédentes. — Versez dessus le consommé de poisson et servez.

POTAGE DE QUENELLES DE CONGRE
AU CONSOMMÉ

Préparez une farce de congre comme celle de merlan (p. 166). — Couchez les quenelles dans un plat à sauter beurré. — Au moment de servir, faites pocher les quenelles, égouttez-les et mettez-les dans la soupière. — Versez le consommé dessus et servez.

POTAGE DE QUENELLES DE CONGRE
AU BEURRE D'ANCHOIS

Faites de la farce de congre comme celle de merlan (p. 166) : seulement, en la finissant, au lieu de béchamel, ajoutez 60 grammes de beurre d'anchois. — Couchez les quenelles dans un plat à sauter beurré, égouttez-les et mettez-les dans la soupière avec une pluche de persil. — Versez le consommé dessus et servez.

POTAGE DE LAITANCES DE CARPES AUX PETITS POIS

Ayez 6 grosses ou 8 moyennes laitances de carpe. — Retirez les fibres sanguines et faites-les dégorger pendant quatre heures. — Faites blanchir dans de l'eau avec sel et vinaigre : dix minutes suffisent pour cela. — Égouttez les laitances, remettez de l'eau légèrement salée et laissez dégorger pour retirer le goût de vinaigre. — Égouttez de nouveau les laitances. — Coupez-les ensuite en morceaux égaux et mettez ceux-ci dans la soupière avec 1 demi-litre de petits pois fins cuits à l'eau de sel. — Versez dessus le consommé de poisson et servez.

POTAGE DE LAITANCES DE CARPE AUX POINTES D'ASPERGES

Opérez comme pour le potage précédent, en remplaçant les petits pois par des pointes d'asperges.

POTAGE D'ESCALOPES DE SAUMON A LA BOURGUIGNOTE

Parez du saumon en escalopes de 2 centimètres de largeur sur 1 d'épaisseur. — Rangez ces escalopes — il en faut au moins 80, — dans un plat à sauter légèrement beurré et salé. — Mettez dans une casserole 300 grammes d'oignons émincés, avec

200 grammes de beurre. — Faites passer l'oignon jusqu'à ce qu'il ait pris une couleur rouge. — Saupoudrez légèrement de farine et tournez avec la cuiller de bois. — Mouillez avec une bouteille de vin de Nuits et 2 litres de consommé de poisson. — Ajoutez 200 grammes de mie de pain à potage. — Tournez sur le feu et, au premier bouillon, mettez sur le coin du fourneau. — Laissez cuire pendant deux heures à feu doux pour éviter la réduction. — Écumez de temps en temps, puis passez à l'étamine. — Faites sauter les escalopes, égouttez-les sur une serviette et mettez-les dans la soupière. — Versez le potage dessus et servez.

Il ne faut pas que ce potage soit trop lié, il suffit qu'il masque la cuiller. S'il était trop lié, on ajouterait du consommé.

POTAGE D'ESCALOPES DE SAUMON AU CONSOMMÉ

Préparez des escalopes de saumon comme il est dit au précédent potage. — Sautez, égouttez les escalopes et mettez-les dans la soupière. — Versez le consommé dessus. — Ajoutez une pluche de cerfeuil et servez.

POTAGE D'ESCALOPES D'ESTURGEON

Préparez des escalopes d'esturgeon en quantité égale à celle qui est indiquée au potage d'escalopes de saumon (p. 171). — Faites une essence avec les parures de l'esturgeon, carotte, oignon, persil, thym, laurier, ail et grondin. — Mouillez le tout avec 1 litre 1/2 d'eau et 1 litre 1/2 de vin blanc. — Faites bouillir et écumez. — Mettez sur le coin du fourneau jusqu'à entière cuisson du grondin. — Salez très-légèrement. — Le poisson cuit, passez l'essence à la serviette. — Faites un roux, mouillez-le avec l'essence, faites bouillir et mettez sur le coin du fourneau.

Au moment de servir, faites sauter les escalopes et égouttez-les. — Passez le potage et versez-le dans la soupière. — Ajoutez 60 grammes de beurre et assurez-vous de l'assaisonnement. — Versez les escalopes et servez.

Ce potage, de même que ceux qui précèdent, ne doit pas être trop lié.

POTAGE D'ESCALOPES D'ESTURGEON AU BEURRE D'ANCHOIS.

Faites un roux pour lier légèrement 3 litres de consommé de poisson. — Lorsque le roux sera lié et bouillira, mettez pendant une heure sur le coin du fourneau. — Écumez plusieurs fois, puis passez à l'étamine. — Faites sauter les escalopes et égouttez-les. — Mettez le potage dans la soupière. — Ajoutez-y 100 grammes de beurre d'anchois en travaillant avec la cuiller. — Mettez les escalopes dans le potage et servez.

POTAGES D'ESCALOPES DE TRUITES

Ayez des petites truites en quantité suffisante pour faire 80 ou 100 escalopes comme celles de saumon. — Rangez-les dans un plat à sauter légèrement beurré et salé. — Mettez les parures des truites dans une casserole, avec thym, laurier, persil, oignon, carotte, ail, mignonnette et un peu de sel. — Mouillez avec 2 litres d'eau et 1 litre 1/2 de vin blanc. — Mettez 2 moyens grondins. — Placez sur le feu, faites bouillir, écumez et mettez sur le coin du fourneau jusqu'à cuisson des grondins. — Retirez ceux-ci sur un plat et passez le fond à la serviette. — Faites un roux pour lier légèrement le fond. — Lorsque le roux bouillira, mettez sur le coin du fourneau. — Au bout d'une heure, écumez et passez à l'étamine.

Faites sauter les escalopes. — Préparez une liaison de 6 jaunes d'œufs, mouillez-la avec 1 décilitre de crème et passez-la à l'étamine. — Versez le potage dans la soupière. — Mettez la liaison. — Ajoutez 2 cuillerées à bouche de persil haché et blanchi, puis les escalopes et servez.

POTAGE D'ESCALOPES DE TRUITES
A LA BOURGUIGNOTE

Préparez ce potage comme celui de saumon, en remplaçant ce dernier par de la truite. — Opérez et finissez de même.

POTAGE D'ESCALOPES D'ANGUILLE

Ayez une belle anguille, dépouillez-la et passez-la à l'eau bouillante pour retirer la seconde peau. — Parez et fendez-la sur sa longueur pour enlever l'arête. — Coupez ensuite l'anguille en trois et faites-la blanchir dans de l'eau légèrement salée. — L'anguille blanchie, égouttez-la, puis faites-la cuire dans parties égales d'eau et de vin blanc, avec un bouquet de persil garni, 1 gros oignon coupé en rouelles, une prise de muscade et une de mignonnette. — Lorsqu'elle sera cuite, mettez en presse et laissez refroidir.

Prenez alors 3 litres de consommé de poisson et faites-le bouillir. — Liez le consommé légèrement avec du tapioca. — Parez l'anguille en escalopes, mettez celles-ci dans la soupière. — Versez le tapioca dessus, ajoutez une pluche de persil blanchi et servez.

POTAGE D'ESCALOPES D'ANGUILLE AU FENOUIL

Préparez une anguille comme la précédente. — Faites bouillir 3 litres de velouté de poisson demi-lié. — Mettez les escalopes dans la soupière avec 2 cuillerées à bouche de fenouil haché et blanchi. — Versez le velouté dessus et servez.

Avec tous ces potages d'escalopes, on doit servir

des croûtons faits avec de la croûte de pain à potage séchée au four : ces croûtes doivent être de la même grandeur que les escalopes.

POTAGE AUX HUITRES D'OSTENDE

Prenez 3 litres d'essence de poisson. — Liez-la avec 3 cuillerées à bouche d'arrow-root et laissez cuire sur le coin du fourneau. — Blanchissez 4 douzaines d'huîtres d'Ostende et passez-les à l'eau tiède, afin de détacher les parcelles d'écailles qui souvent adhèrent aux huîtres. — Mettez le potage dans la soupière. — Faites une liaison de 8 jaunes d'œufs passés à l'étamine. — Liez le potage avec la liaison et 100 grammes de beurre. — Ajoutez les huîtres et une pluche de persil. — Servez à part des croûtons comme il est dit au potage précédent.

On fait ce potage avec toutes les espèces d'huîtres. Si l'on emploie celles que l'on appelle pieds de cheval, on les coupe en quatre après les avoir blanchies.

POTAGE AUX MOULES

Ayez 3 litres de belles moules. — Nettoyez-les avec soin, pour éviter qu'elles ne croquent sous la dent. — Mettez-les dans un plat à sauter, avec 3 décilitres de vin blanc très-sec, persil en branche, 1 gousse d'ail et 1 oignon coupé en rouelles. — Mettez sur feu vif, et à mesure que les moules pochent, retirez-les de leur coquille et placez-les dans une terrine. — Quand elles sont toutes cuites, passez le fond à la serviette et laissez-le reposer. — Tirez-le ensuite au clair. — Lavez les moules à l'eau tiède, en faisant bien attention qu'il n'y reste pas de sable : cette précaution est de rigueur.

Lorsque les moules ont été ainsi préparées, faites un potage comme le potage aux huîtres (p. 176). — Ajoutez l'eau des moules et finissez comme le potage aux huîtres.

POTAGE DE COLIMAÇONS

Préparez un potage comme le potage aux huîtres (p. 176). — Nettoyez et faites cuire 50 colimaçons. — Mettez-les dans la soupière, versez le potage dessus et servez à part des croûtons faits avec de la croûte de pain à potage passée au four.

BOUILLABAISSE MARSEILLAISE

Mettez dans une casserole 500 grammes d'oignons coupés en rouelles; 30 grammes de persil, 30 grammes d'ail, 25 grammes d'échalote, 20 grammes de mignonnette, 25 grammes de sel, 30 grammes de piment doux en poudre, 125 grammes d'huile, 10 grammes de muscade et 10 grammes de thym et laurier. — Coupez en morceaux 2 kilogr. de rougets barbets, soles, grondins et vives dans 2 litres d'eau, ajoutez 25 grammes de sel et mettez sur feu vif. — Le poisson cuit, goûtez si l'assaisonnement est bon. — Égouttez le poisson et nettoyez chaque morceau, afin de les débarrasser des parcelles d'aromates qui auraient pu y rester attachées. — Passez la cuisson à travers une serviette. — Ajoutez une cuillerée de safran en poudre. — Dressez le poisson sur une serviette. — Versez la cuisson dans la soupière. — Servez des tranches de pain à potage grillé.

Ce potage doit être de haut goût.

POTAGE DE FILETS DE SOLE AU SAFRAN

Mettez dans une casserole 100 grammes de beurre, 3 cuillerées à café de safran en poudre, 2 litres d'eau, sel et mignonnette. — Faites bouillir. — Mettez dans cette cuisson 8 beaux filets de sole coupés en deux. — Faites cuire à feu vif. — Égouttez les filets de sole. — Dressez le poisson sur un plat garni d'une serviette, avec tranches de pain grillé autour. — Servez la cuisson dans une soupière.

BOUILLABAISSE NORMANDE

Mettez dans une casserole 200 grammes de beurre, 1 gros oignon coupé en rouelles, 2 gousses d'ail, 1 carotte émincée, une prise de mignonnette, une de muscade, deux prises de sel. — Passez le tout au feu cinq minutes. — Mouillez avec 2 litres d'eau. — Ajoutez un bouquet de persil garni de thym et laurier et l'eau de 1 litre de belles moules. — Faites cuire. — Coupez en 8 morceaux une belle sole bien nettoyée, et même quantité de turbot et de barbue. — Mettez le tout dans la cuisson. — Lorsque le poisson est cuit, égouttez, dressez-le sur un plat garni d'une serviette et mettez les moules en 4 bouquets. — Rangez autour des lames de pain à potage grillé. —'Passez la cuisson, ajoutez 2 cuillerées à café de safran en poudre et servez.

CHAPITRE III.

BISQUES

En écrivant la recette des bisques, je n'ai pas suivi la voie tracée par mon maître Carême. D'abord je me suis abstenu de leur donner des noms ambitieux, qui n'ajoutent rien à leurs qualités. Ensuite je me suis gardé de garnir les potages de poisson de crêtes ou de rognons de poulets, de perdreaux, ou de gibier rare : en les faisant plus simples, je suis sûr de plaire au plus grand nombre. Mes confrères pourront du reste, quand ils le voudront, relever leurs potages au moyen de ces garnitures.

Tous mes potages de poisson sont absolument maigres. Pour les faire au gras, il suffirait de remplacer l'essence de poisson par du consommé de volaille : le travail reste tout à fait le même.

Dans cette série, j'ai décrit les bisques de homard et de crevettes, qui sont peu connues.

A toutes ces bisques on ajoute ordinairement une pointe de poivre de Cayenne. Il faut bien se garder de forcer la dose : on s'exposerait ainsi à leur faire perdre toute la finesse de leur saveur.

BISQUES

On peut faire des bisques avec toute sorte de poissons ; on les finit avec beurre d'écrevisses, de homards, de crevettes, d'anchois, de ravigote ou d'ail. On obtient par ce moyen les potages les plus délicats et les plus variés : c'est au praticien intelligent à choisir le beurre qui convient le mieux à chaque poisson.

BISQUE D'ÉCREVISSES

Prenez 50 écrevisses de fleuve et à pattes rouges : ce sont les meilleures. — Lavez-les et mettez-les dans une casserole, avec persil en branche, 1 oignon coupé en rouelles, mignonnette, un peu de sel, thym, laurier, basilic, ces trois derniers aromates en petite quantité, 5 décilitres de vin blanc très-sec. — Mettez sur le feu. — Sautez fréquemment les écrevisses, afin qu'elles cuisent uniformément. — Quand elles sont entièrement rouges, retirez du feu et laissez refroidir dans la cuisson. — Épluchez les queues, parez et réservez-les. — Prenez les coquilles des queues et des carapaces pour faire le beurre. — Retirez les yeux, qui donnent une teinte noire très-désagréable. — Pilez les intestins et les pattes et mettez-les avec la cuisson dans une casserole, en ajoutant 2 litres 1/2 d'essence de poisson et 200 grammes de mie de pain à potage. — Faites cuire à petits bouillons pour éviter la réduction. — Au bout d'une heure, passez à l'étamine et réservez.

Pour faire le beurre d'écrevisses, faites sécher à

l'étuve les coquilles et pilez-les en ajoutant 100 grammes de beurre. — Mettez coquilles et beurre dans une casserole et laissez pendant une heure au bain-marie. — Pressez alors le beurre dans un torchon au-dessus d'une terrine remplie d'eau. — Lorsque le beurre est figé, on l'éponge dans une serviette, puis on le passe au tamis de soie.

Faites bouillir le potage, versez-le dans la soupière. — Ajoutez le beurre en agitant avec la cuiller à dégraisser. — Mettez les queues dans la soupière et servez à part des petits croûtons passés au beurre.

On fait aussi ce potage au riz, en remplaçant les croûtons par 100 grammes de riz cuit à l'eau, beurre et sel.

BISQUE D'ÉCREVISSES AUX QUENELLES DE MERLAN

Préparez une bisque comme la précédente. — Faites de la farce de merlan dans laquelle vous ajoutez des filets d'anchois pilés et passés au tamis. — Couchez cette farce en petites quenelles, et rangez celles-ci dans un plat à sauter beurré. — Vingt minutes avant de servir, faites pocher les quenelles. — Versez le potage bouillant dans la soupière et ajoutez-y le beurre d'écrevisses. — Versez les queues et les quenelles dans le potage et servez.

BISQUE A LA PÉRIGORD

Prenez 100 grammes de truffes bien lavées et bien épluchées, et pilez-les avec 25 grammes de beurre. — Passez au tamis. — Faites de la farce de brochet, en opérant comme ci-dessus pour la farce de merlan : seulement vous remplacerez la sauce par la purée de truffes. — Couchez cette farce en petites quenelles. — Faites un potage comme le précédent, finissez-le de même, ajoutez les quenelles et servez.

BISQUE D'ÉCREVISSES A LA CRÈME

Faites cuire 50 écrevisses comme les précédentes (p. 181). — Lorsqu'elles sont cuites et refroidies, épluchez-les, en réservant les queues et en retirant les yeux. — Mettez ensuite les carcasses et les coquilles dans une casserole. — Mouillez avec consommé de poisson (p. 165) et faites cuire pendant une heure.

Faites un roux blanc et mouillez-le avec le consommé, en tournant jusqu'au premier bouillon. — Mettez alors sur le coin du fourneau et laissez dépouiller pendant une heure. — Passez dans une casserole à glacer. — Faites réduire en ajoutant 1 demi-litre de crème en plusieurs fois : il faut que ce potage masque la cuiller. — Passez le potage à l'étamine, versez-le dans la soupière et liez-le avec 100 grammes de beurre et 2 décilitres de crème. — Ajoutez les queues des écrevisses et servez.

BISQUE D'ÉCREVISSES CLAIRE

Faites cuire 50 écrevisses comme il est dit plus haut (p. 181). — Retirez et épluchez les queues. — Mettez tout ce qui reste des écrevisses dans leur cuisson, en y ajoutant 2 litres 1/2 de consommé de poisson. — Faites cuire pendant une heure sur le coin du fourneau. — Passez à la serviette et clarifiez avec chair de merlan.

Faites ensuite une farce de saumon en quantité suffisante pour donner 80 petites quenelles. — Au moment de servir, faites pocher les quenelles et mettez-les dans la soupière avec les queues d'écrevisses. — Versez le consommé dessus et servez.

BISQUE D'ÉCREVISSES AUX LAITANCES DE CARPE

Ayez 6 belles laitances de carpe, retirez-en les fibres sanguines et laissez dégorger. — Faites-les cuire dans de l'eau, avec du sel et du vinaigre. — Après dix minutes de cuisson, retirez du feu, jetez la cuisson et mettez de nouvelle eau et un peu de sel pour ôter le goût de vin aigre.

Faites une bisque comme la première (p. 181). — Coupez les laitances en morceaux égaux. — Mettez le potage dans la soupière, mêlez-y le beurre d'écrevisses, ajoutez les laitances et les queues et servez.

BISQUE DE HOMARD

Faites une mirepoix avec carotte, oignon, ail, échalote, persil, thym, laurier et basilic. — Passez le tout au beurre pendant un quart d'heure et mouillez ensuite avec moitié vin blanc très-sec et eau salée. — Laissez cuire une heure et demie sur le coin du fourneau.

Ayez 6 petits homards. — Remettez la mirepoix en plein feu, mettez-y les homards et laissez cuire pendant vingt minutes. — Retirez du feu et laissez refroidir. — Égouttez les homards, retirez queues et pattes, pilez le reste et remettez-le dans la cuisson avec consommé de poisson (p. 165) et 300 grammes de mie de pain à potage. — Laissez cuire à feu doux.

Parez la chair des pattes et des queues en escalopes. — Réservez les coquilles pour faire le beurre : s'il n'y a pas de corail dans l'intérieur du homard, c'est que les œufs ne sont pas arrivés à maturité ; lorsqu'ils le sont, on les prend, ainsi que le corail, pour faire le beurre. — A défaut d'œufs, on le fait avec les coquilles, en opérant comme pour le beurre d'écrevisses (p. 181). — Si au contraire il y a des œufs, on les pile en ajoutant le beurre et l'on passe au tamis de soie. Ce beurre est bien préférable à celui que l'on fait avec les coquilles.

Ces préparations terminées, passez la cuisson à l'étamine, puis mettez-la dans une casserole. — Au moment de servir, faites bouillir et mettez dans la soupière, en y mêlant le beurre de homard. — Ajoutez les escalopes de homard. — Servez à part des croûtons faits avec de la croûte de pain à potage séchée au four.

BISQUE DE HOMARD AU RIZ

Faites une bisque comme la précédente. — Remplacez les croûtons par 100 grammes de riz, que vous faites cuire avec eau, sel et beurre. — Au moment de servir, faites bouillir le potage, puis mettez-le dans la soupière. — Mêlez-y le beurre, ajoutez les escalopes de homard et servez.

BISQUE DE CREVETTES

Ayez 750 grammes de crevettes *bouquet* ou *solikof*. — Épluchez les queues, parez-les et réservez-les pour garnir le potage. — Liez 3 litres de consommé de poisson (p. 165) avec de la crème de riz. — Après le premier bouillon, mettez mijoter sur le coin du fourneau pendant vingt-cinq minutes.

Faites un beurre de crevettes avec les coquilles comme il va être dit : Mettez les coquilles dans un mortier, pilez-les, puis ajoutez 100 grammes de beurre. — Passez au tamis de soie. — Au moment de servir, faites bouillir le potage. — Versez-le dans la soupière et mêlez-y le beurre et les queues des crevettes. — Servez à part des croûtons faits avec de la croûte de pain à potage séchée au four.

BISQUE DE CREVETTES AUX QUENELLES DE MERLAN

Faites une farce de merlan dans laquelle vous mêlerez du beurre d'anchois. — Couchez la farce en quenelles dans un plat à sauter beurré. — Préparez un potage comme le précédent. — Faites pocher les quenelles, ajoutez-les au potage et servez sans croûtons.

LIVRE III

POTAGES ÉTRANGERS

CHAPITRE PREMIER

POTAGES RUSSES

POTAGE OUKA

Carême dit que le ouka est le potage national des Russes, comme le potage à la tortue est celui des Anglais. Je crois qu'il se trompe : le ouka et la tortue sont d'un prix élevé, qui les rend inaccessibles aux petites bourses. Ils ne peuvent donc pas, comme notre pot-au-feu français, prétendre au titre de mets national.

Pour préparer le ouka, foncez un empotage (p. 25) très-fort en viande. — Ajoutez-y 2 poules rôties à la broche et ayant pris une couleur foncée. — Coupez une darne de sterlet en escalopes et rangez celles-ci dans un plat à sauter légèrement beurré et salé. — Mettez dans une casserole les parures des sterlets, une carpe, une anguille coupée en quatre, une perche, un oignon piqué de 2 clous de girofle, un bouquet de persil garni de thym, laurier et basilic, une prise de mignonnette, une de muscade et 1 litre de consommé. — Faites bouillir, écumez et finissez de cuire sur le coin du fourneau.

— Le poisson cuit, passez l'essence sur les escalopes, faites-les cuire, égouttez-les et mettez-les dans la soupière avec 2 foies de lotte coupés en morceaux égaux et 50 quenelles d'éperlans couchées à la cuiller à café. — Passez l'essence de poisson à la serviette et mêlez-la à l'empotage. — Versez celui-ci sur les escalopes et servez.

A défaut de sterlet, que l'on ne trouve pas en France, on fait usage d'escalopes de barbue, de perche et de turbot. Le reste de la préparation est en tout conforme aux indications qui précèdent.

Les Russes ont fait subir quelques modifications à ce potage : autrefois ils y ajoutaient le herchi et les foies de ce poisson, puis des escalopes de filets de perche. Aujourd'hui la garniture se compose de sterlet, de quenelles d'éperlan et de foies de lotte.

POTAGE DE CANARDS A LA RUSSE

Faites cuire 2 canards dans 4 litres de consommé, avec bouquet de persil garni de thym, laurier et basilic, sel, mignonnette et muscade. — Préparez une julienne avec 100 grammes de racines de persil et 100 grammes de blanc de céleri passé au beurre.

— Mouillez avec consommé et faites tomber à glace.

Lorsque les canards sont cuits, égouttez-les. — Dégraissez parfaitement la cuisson et clarifiez avec chair de bœuf sans nerfs ni graisse. — Découpez les canards, les filets en aiguillettes, les cuisses en deux morceaux. — Placez les morceaux dans la soupière. — Ajoutez la julienne et une cuillerée à bouche de fenouil haché. — Versez le consommé et servez.

TSCHY, POTAGE DE CHOUX A LA RUSSE

Parez 1 kilogr. de tendrons de poitrine de bœuf en carrés de 1 centimètre 1/2. — Faites-les blanchir et dégorger, puis faites-les cuire pendant deux heures dans du consommé. — Coupez 2 gros oignons en rouelles et passez-les au beurre. — Dès qu'ils sont colorés, ajoutez-y 1 kilogr. de choux blancs émincés, passez-les encore pendant quelques minutes et ajoutez 60 grammes de farine. — Mêlez, mouillez avec le consommé, en tournant sur le feu. — Au premier bouillon, mettez les tendrons et faites cuire à feu doux. — Quand choux et tendrons sont cuits, mêlez-y 3 décilitres de crème aigre. — Versez dans la soupière et servez.

POTAGE DE CHOUX PAYSANNE A LA RUSSE

Coupez en morceaux 1 kilogr. 1/2 de tendrons de poitrine de bœuf et 500 grammes de lard de poitrine maigre. — Mettez dans une marmite avec 5 litres de bouillon, faites bouillir et écumez. — Émincez 2 gros oignons et passez-les au beurre. — Lorsqu'ils prendront couleur, mettez 60 grammes de farine et mouillez avec du bouillon. — Dès que l'ébullition est commencée, mêlez au potage avec 1 kilogr. de choux blancs, émincés, lavés et pressés. — Laissez mijoter jusqu'à entière cuisson des tendrons et des choux. — Vingt minutes avant de servir, ajoutez 6 saucisses, que vous retirez aussitôt qu'elles sont cuites. — Dégraissez le potage. — Coupez le lard en carrés. — Mettez lard, saucisses et tendrons dans la soupière et servez.

TSCHY, POTAGE A LA CZARINE

Prenez 500 grammes de tendrons de poitrine de bœuf et taillez-les en carrés de 1 centimètre 1/2. — Faites blanchir et dégorger. — Égouttez les tendrons et mettez-les dans une marmite avec 4 litres de bouillon. — Faites cuire et, après deux heures de cuisson, passez au beurre 2 oignons coupés en rouelles. — Quand ils sont colorés, ajoutez 60 grammes de farine, mêlez et mouillez avec consommé. — Au premier bouillon, mêlez au potage, avec 1 kilogr. de choux blancs émincés. — Laissez cuire à petit feu.

Faites braiser un chapon dans de la mirepoix. — Découpez le chapon, les filets en deux, le gros de la cuisse en deux et l'estomac en trois : on ne sert pas la carcasse. — Assurez-vous de la cuisson du bœuf et des choux. — Dégraissez le potage et ajoutez-y 3 décilitres de crème. — Mêlez, puis versez le potage dans la soupière. — Rangez les membres du chapon dessus et servez.

POTAGE DE ROGNONS DE VEAU A LA RUSSE

Préparez 3 litres de velouté peu lié. — Ajoutez-y 20 olives, 30 grammes de cornichons tournés en rouelles et 15 petits champignons tournés et cuits. — Coupez en dés 2 rognons de veau et 200 grammes d'oignons. — Mettez les oignons dans une casserole avec 100 grammes de beurre et faites-leur prendre couleur sur le feu. — Ajoutez les rognons et assaisonnez d'un peu de sel et de mignonnette. — Ne laissez les rognons sur le feu que juste le temps nécessaire. — Égouttez rognons et oignons et mettez-les dans la soupière ainsi que les autres garnitures. — Versez dessus le velouté, que vous aurez lié avec 5 jaunes d'œufs et 2 décilitres de crème. — Ajoutez une pointe de poivre de Cayenne et servez.

POTAGE D'ESTURGEON A LA PIERRE-LE-GRAND

Escalopez une petite darne d'esturgeon. — Rangez les escalopes dans un plat à sauter légèrement beurré et salé et couvrez le plat d'un rond de papier grassement beurré. — Faites une essence de poisson avec les parures de l'esturgeon, 1 anguille, 1 tanche et les parures de 4 merlans dont les filets serviront à faire la farce de quenelles et à clarifier le consommé. — Ajoutez un bouquet de persil garni de thym, laurier, basilic, muscade, mignonnette, un peu de sel, et enfin 1 litre de consommé.

Lorsque l'essence est cuite, ajoutez 2 litres de consommé, passez le tout à la serviette et clarifiez avec 4 filets de merlans et 1 blanc d'œuf. — Faites une farce de merlan très-ferme et mettez-la à point avec de la purée de champignons. — Au moment de servir, pochez les quenelles et sautez les escalopes. — Mettez escalopes et quenelles dans la soupière, ainsi que les pointes d'une botte de grosses asperges. — Versez le consommé sur la garniture et servez.

POTAGE D'ESCALOPES DE STERLET GLACÉ

Marquez une essence de poisson comme il va être dit : Mettez dans une casserole les parures du sterlet, 2 perches, 1 anguille, 500 grammes d'esturgeon, 6 anchois bien dessalés, un bouquet de persil garni de thym, laurier et basilic, 2 pincées de mignonnette, une de muscade, 2 oignons dont un piqué de 2 clous de girofle et 1 décilitre d'essence de champignons. — Versez dans la casserole 2 litres de consommé et 2 bouteilles de vin de Champagne sec. — Faites cuire à petits bouillons pour éviter la réduction. — Lorsque les légumes sont cuits, passez l'essence à la serviette et laissez refroidir.

Chaussez une sorbétière et mettez-y le consommé. — Faites sauter les escalopes, qui ont dû être taillées et mises dans un plat à sauter beurré et salé. — Un quart d'heure avant de servir, mettez les escalopes dans la sorbétière. — Servez.

Pour que ce potage soit réussi, il faut qu'il contienne des petits glaçons.

On fait aussi ces potages glacés avec escalopes de truite, de saumon et d'esturgeon. Le travail est le même, le consommé également : il n'y a de changé que le poisson.

POTAGE D'ÉCREVISSES A LA CRÈME GLACÉE

Lavez 40 belles écrevisses et mettez-les dans une casserole, avec 3 décilitres de vin du Rhin, un bouquet de persil garni de thym, laurier, macis, basilic, marjolaine, sel et mignonnette. — Faites cuire en sautant les écrevisses de temps en temps, afin qu'elles cuisent uniformément. — Quand elles sont cuites, épluchez les queues, parez-les et coupez-les en quatre par le travers. — Remettez toutes les parures et les corps des écrevisses dans une casserole avec les aromates, après avoir retiré les yeux. — Mouillez avec 2 litres 1/2 de consommé de volaille et faites cuire pendant vingt minutes à petits bouillons. Passez à la serviette et laissez refroidir.

Chaussez une sorbétière. — Une heure avant de servir, frappez le potage, en ajoutant 1 litre de crème. — Au moment de servir, mettez les queues d'écrevisses dans le potage. — Goûtez pour vous assurer que l'assaisonnement est bon et servez dans des casseroles d'argent mises à la glace.

Pour que ce potage soit bien fait, il faut qu'il contienne des petits glaçons.

POTAGE DE CHOUCROUTE A LA RUSSE

Coupez en rouelles des oignons de manière à en avoir 200 grammes. — Faites-leur prendre couleur dans du beurre clarifié. — Lorsqu'ils sont colorés, ajoutez 60 grammes de farine. — Tournez quatre minutes sur le feu. — Mouillez avec 3 litres de consommé, ajoutez 1 kilogr. de choucroûte bien lavée et pressée. — Tournez sur le feu avec la cuiller de bois. — Au premier bouillon, couvrez le feu et faites mijoter pendant trois heures. — Ayez alors 1 poulet gras et 2 perdreaux, que vous faites cuire dans la choucroute. — Le poulet et les perdreaux cuits, retirez-les, découpez-les et mettez dans la soupière les filets, le gros des cuisses et les estomacs. — Dégraissez le potage. — Ajoutez 3 décilitres de crème aigre. — Versez dans la soupière et servez à part des croûtons de pain de mie passés au beurre.

On ajoute aussi à ce potage, comme garniture, des ris de veau et de la langue à l'écarlate. Ce potage doit être haut de goût, sans cependant brûler le palais.

POTAGE BARCH

Nous empruntons la recette de ce potage au *Traité des potages* de Carême. Toutefois, pour l'accommoder au goût français, nous y avons introduit quelques modifications qui en rendent la préparation plus simple et plus facile.

Mettez dans un grand pot 30 betteraves rouges bien épluchées. — Ajoutez-y 1 kilogr. de pain de seigle et 15 litres d'eau. — Fermez le pot hermétiquement, en le lutant avec du papier et de la colle. — Placez le pot dans un endroit chaud à 30 degrés. — Laissez l'infusion se faire pendant dix jours. — Au bout de ce temps, vous pouvez vous en servir.

Mettez dans une marmite 2 poules auxquelles vous aurez fait prendre couleur à la broche, 1 kilogr. de rouelle de veau sans os, un os à moelle, 500 grammes de petit lard bien lavé. — Mouillez avec le jus de betterave, faites bouillir et écumez. — Ajoutez 2 carottes, 2 oignons dont 1 piqué de 4 clous de girofle, 1 bouquet de poireaux, 1 de persil garni, laurier, basilic, thym, macis, 20 grammes de poivre blanc en grains et sel. — Ajoutez un poulet gras, 1 caneton et 6 grosses saucisses. — Retirez chaque objet dès qu'il aura atteint sa cuisson.

Faites une julienne avec une betterave qui a servi à faire le jus, et une égale quantité d'oignons passés au beurre. — Mouillez avec consommé et faites glacer.

Après cinq heures de cuisson, passez le consommé, dégraissez et clarifiez. — Colorez le consommé avec du jus de betteraves rouges et faites-le réduire à demi-glace. — Levez les filets du poulet et du caneton. — Coupez chaque filet en quatre sur sa longueur et mettez-les dans la soupière avec le petit lard coupé en dés et les saucisses coupées en quatre. — Ajoutez la julienne, une pluche de persil et mettez à l'étuve. — Au moment de servir, versez le consommé dans la soupière.

On sert avec ce potage de la crème aigre et à part l'os à moelle sur un plat bien chaud, entouré de tranches de pain grillé.

POTAGE DE TRUITES ET D'ÉCREVISSES A LA RUSSE

Parez 1 kilogr. de truite en escalopes, que vous rangez dans un plat à sauter légèrement beurré et salé. — Faites cuire 30 belles écrevisses dans du vin du Rhin, avec sel, mignonnette et oignons en rouelles. — Les écrevisses cuites, laissez refroidir. — Épluchez et réservez les coquilles pour faire le beurre d'écrevisses et les queues pour garnir le potage. — Mettez les corps des écrevisses dans une casserole, ainsi que les parures de la truite, un bouquet de persil garni de basilic, marjolaine, laurier et macis. — Ajoutez la cuisson des écrevisses et

4 décilitres de vin du Rhin. — Après une heure un quart d'ébullition, ajoutez 2 litres 1/2 de consommé fait comme celui du barch et 3 pincées de mignonnette.

Faites une farce de poisson au beurre d'écrevisses. — Couchez cette farce avec une cuiller à café et rangez les quenelles ainsi formées dans un plat à sauter beurré.

Passez le consommé à la serviette et clarifiez-le avec chair de poisson. — Faites sauter les escalopes. — Pochez les quenelles. — Égouttez quenelles et escalopes sur une serviette et mettez-les dans la soupière. — Versez le consommé dessus. — Servez avec croûtons de croûte de pain à potage et crème aigre à part.

POTAGE BARCH GARNI DE GELINOTTES

Préparez un consommé comme il est dit au potage barch. — Faites cuire dans ce consommé 3 gelinottes. — Préparez aussi une julienne de racines de persil et de blanc de céleri. — Les gelinottes cuites, égouttez-les, coupez les filets en trois sur leur longueur. — Ajoutez la julienne, qui doit être tombée à glace. — Versez dessus le consommé, que vous aurez passé à la serviette et coloré avec du jus de betteraves rouges. — Servez à part des croûtons de pain à potage et crème aigre.

POTAGE BAGRATION

Faites des escalopes de perche et de truite en quantité suffisante pour en avoir 1 demi-litre. — Mettez les parures et les arêtes dans une casserole avec 2 oignons dont un piqué de 2 clous de girofle, 1 carotte émincée, un bouquet de persil garni de macis, thym, laurier, marjolaine et une pincée de mignonnette. — Mouillez avec 8 décilitres de vin de Champagne. — Après vingt minutes d'ébullition, mouillez avec 2 litres 1/2 de consommé préparé comme pour le barch. — Après une heure de cuisson, passez à la serviette et clarifiez avec viande pilée.

Faites sauter les escalopes et égouttez-les sur une serviette. — Ayez 2 foies de lotte que vous aurez cuits dans du consommé et coupés en dés. — Égouttez-les, escalopez-les et mettez-les dans la soupière. Versez le consommé dessus et servez à part de la crème aigre.

Si l'on manquait de lottes, on les remplacerait par des filets de sole et les foies par des laitances de carpe.

POTAGE D'ÉPERLANS A LA RUSSE

Lavez les filets de 30 éperlans moyens, parez-les et étalez sur chaque filet une couche de farce d'éperlans. — Roulez les filets et rangez-les dans un plat à sauter légèrement beurré et assaisonné. — Faites un velouté peu lié avec 3 litres de consommé de volaille. — Lorsque le velouté est cuit et dégraissé à point, liez-le avec 2 décilitres de crème et 6 jaunes d'œufs. — Faites pocher les filets, égouttez-les sur une serviette et mettez-les dans la soupière. — Versez le velouté dessus et servez à part de la crème aigre et des croûtons de croûte de pain à potage séchés au four.

CHAPITRE II

POTAGES ANGLAIS

POTAGE TORTUE

Suspendez la tortue par les deux nageoires de derrière — Tranchez la tête et laissez saigner l'animal pendant quinze heures. — Mettez alors la tortue sur le dos, enlevez la coquille et retirez les intestins, en ayant soin de ne pas les crever. — Enlevez également la coquille de dessus. — Retirez les noix de chair, qui vous serviront à faire le grand bouillon.

On sert souvent les noix pour entrée : nous pensons qu'il vaut mieux en faire du grand bouillon, qui sert à mouiller le potage.

Sciez la tortue en quatre parties et mettez celles-ci dans l'eau bouillante. — Lorsque les écailles se lèvent, retirez la graisse et toutes les parties gélatineuses et mettez le tout dans une casserole, avec oignon, clou de girofle, carotte, bouquet garni, sel, poivre et grande eau. — Faites cuire pendant quatre heures, en ayant soin de bien écumer. — Retirez alors les fragments d'écaille, ainsi que les os qui tiennent aux parties gélatineuses, mettez-les en presse et laissez refroidir.

Beurrez ensuite grassement une casserole et garnissez-la de rouelles d'oignons à une épaisseur de 2 centimètres. — Couvrez l'oignon avec 4 kilogr. de tranche de bœuf et 4 kilogr. de rouelle de veau. — Mouillez avec 5 décilitres de grand bouillon. — Faites tomber sur glace et mouillez avec le bouillon de tortue. — Ajoutez 2 poules que vous aurez fait colorer à la broche, un gros bouquet de persil garni de thym et de laurier, 100 grammes de racines de persil et 100 grammes de céleri en branches. — Faites bouillir et, au premier bouillon, mettez sur le coin du fourneau.

Lorsque les viandes sont cuites, retirez-les sur un plat et saupoudrez-les de sel. — Passez la cuisson à la serviette. — Faites un roux avec du beurre clarifié et de la farine et mouillez-le avec la cuisson, en tournant sur le feu avec la cuiller de bois. — Au premier bouillon, mettez sur le coin du fourneau. — Au bout de deux heures, écumez et passez à l'étamine.

Mettez dans une casserole 15 grammes de basilic, 8 grammes de citronnelle, 5 grammes de romarin, 8 grammes de marjolaine, 50 grammes de céleri en branche, 50 grammes de racines de persil et 200 grammes d'oignon. — Ajoutez 1 demi-litre d'essence de jambon, 4 décilitres d'essence de champignons, une prise de poivre de Cayenne, 1 poivre long, une pincée de girofle, une pincée de macis et 1 litre 1/2 de consommé. — Faites cuire à feu doux pendant deux heures, puis passez à l'étamine, en pressant avec la cuiller de bois.

Parez les parties de tortue que vous avez mises en presse en filets de 2 centimètres sur 1 de large. — Retirez tout ce qui est chair maigre et mettez à part les parties grasses, car elles doivent aussi entrer dans le potage. — La tortue parée, mettez-la dans une casserole avec 2 bouteilles de madère sec et faites bouillir pendant vingt minutes.

Mettez ensuite toute la tortue dans la sauce espagnole et faites bouillir. — Ajoutez la purée d'herbes en plusieurs fois. On ne peut pas fixer la quantité de cette purée : c'est au goût du cuisinier à juger de la dose nécessaire. Il en est de même pour le poivre de Cayenne : on goûte pour s'assurer s'il est en quantité suffisante, et en outre on tiendra compte du goût du maître de la maison et de ses convives.

Pour un potage de 15 couverts, préparez une farce avec 6 jaunes d'œufs durs. — Pilez les jaunes avec 30 grammes de beurre, sel, poivre et muscade et mouillez avec 2 jaunes crus : il faut que cette farce soit ferme. — Lorsqu'elle est à point, on la divise en trois parties : dans la première, on met de la truffe crue hachée ; dans la seconde, du persil haché, lavé et bien pressé ; dans la troisième, on ne met rien.

Saupoudrez la table de farine et couchez des quenelles de la grosseur d'une aveline. — Roulez-les dans la farine pour en faire des boules et rangez-les sur un couvercle de casserole légèrement fariné. — Pochez ces quenelles et réservez.

Ayez 12 crêtes moyennes bien dégorgées. — Faites-les cuire dans un blanc acidulé de citron. — Ayez aussi 12 rayons de coq, 250 grammes d'escalopes de truffes cuites au madère et 12 champignons moyens, tournés et cuits.

Mettez dans la soupière une partie de la tortue, une cuillerée à bouche de jus de citron et 1 décilitre de madère. — Ajoutez toutes les garnitures. — Mêlez et servez.

Il faut que l'espagnole, qui remplace le consommé, ne soit pas trop liée.

La recette de ce potage, telle que nous venons de la décrire, nous a été communiquée, en 1823, par M. Garin, chef de cuisine de l'ambassadeur de Danemark. Les garnitures rendent ce potage fort coûteux : Garin nous assura qu'il revenait à plus de 300 fr. Pendant le fameux voyage de l'impératrice de Russie Catherine II, le prince Potemkine fit servir dans son palais de Crimée un potage tortue qui coûta 15 000 roubles ou 60 000 fr. de notre monnaie. Il faut sans doute comprendre dans cette évaluation la soupière en argent, d'une grandeur et d'une valeur artistique extraordinaires, dans laquelle on servit ce merveilleux potage. Aujourd'hui, que nos goûts et nos ressources sont plus modestes, on supprime généralement les coûteuses garnitures.

POTAGE FAUSSE TORTUE

Désossez une tête de veau, enlevez les oreilles et le mufle, blanchissez et rafraîchissez. — Mettez la tête dans une casserole, avec eau, sel, gros poivre, oignons, bouquet de persil garni de thym et de laurier et faites cuire. — Lorsque la tête est bien cuite, égouttez-la et mettez-la en presse.

Mettez dans une casserole 150 grammes de basilic, 8 grammes de citronnelle, 8 grammes de marjolaine, 4 grammes de romarin, 4 grammes de thym, 4 grammes de laurier, 25 grammes de racines de persil, 150 grammes d'oignons coupés en rouelles, 50 grammes de céleri en branche, 100 grammes de carottes émincées, 2 kilogr. de tranche de bœuf coupée en gros dés, 2 kilogr. de rouelle de veau et 250 grammes de beurre. — Passez le tout sur le feu jusqu'à ce que viande et aromates aient pris une couleur rouge, mais toutefois sans être brûlés. — Saupoudrez de farine, ajoutez une petite pincée de sel, du poivre en grains, du macis, du poivre de Cayenne et un bouquet de persil. — Mouillez avec la cuisson de la tête et tournez sur le feu jusqu'au premier bouillon. — Ajoutez 1 poule à laquelle vous aurez fait prendre couleur à la broche, et mettez sur le coin du fourneau jusqu'à entière cuisson de la viande. — La cuisson terminée, retirez la viande sur un plat, passez la cuisson à l'étamine et remettez clarifier sur le coin du fourneau pendant une heure.

Parez la tête de veau et coupez-la en morceaux de 3 centimètres sur 1 de large. — Mettez la tête dans une casserole avec un peu de sa cuisson et laissez-la sur le feu pendant dix minutes. — Égouttez la tête et mettez-la dans la soupière, avec 1 cuillerée à bouche de jus de citron et 1 décilitre de madère. — Écumez le potage et versez-le sur la tête de veau.

Ce potage, comme celui de tortue, ne doit pas être trop lié.

POTAGE TORTUE A LA DOUGLAS

Le travail est entièrement le même que pour le potage à la tortue; seulement on ne met pas de farine et on le clarifie avec chair de bœuf et de veau. Son caractère est d'être servi sans garniture. Si cependant on voulait en ajouter une, elle devrait être la même que celle du potage tortue. On fait aussi ce potage avec de la tête de veau.

POTAGE D'ABATIS D'OIE OU GIBELETTE

Échaudez et épluchez 2 abatis d'oie. — Flambez-les et lavez-les à l'eau chaude. — Coupez-les en morceaux égaux et mettez-les dans une casserole avec 1 décilitre de vin de Xérès et 2 décilitres de consommé. — Faites tomber sur glace. — Mouillez avec 3 litres de consommé et ajoutez un bouquet de persil garni d'aromates comme pour le potage tortue (p. 202). — Faites cuire, et, la cuisson terminée, passez à la grande passoire. — Faites un roux, mouillez-le avec la cuisson des abatis et tournez sur le feu. — Au premier bouillon, mettez sur le coin du fourneau pendant une heure. — Dégraissez de temps en temps et, au moment de servir, mettez les abatis dans une casserole. — Donnez un bouillon. — Ajoutez du poivre de Cayenne et une cuillerée d'herbes à potage tortue. — Versez dans la soupière. — Assurez-vous de l'assaisonnement et servez avec des croûtons de croûte de pain à potage séchés au four.

POTAGE HOCHEPOT

Prenez 16 morceaux de queue de bœuf de 4 centimètres d'épaisseur. — Faites-les blanchir et laissez-les dégorger pendant deux heures. — Ensuite égouttez-les et mettez-les dans une casserole avec du consommé, un bouquet de persil garni d'herbes à tortue, 2 oignons dont un piqué de 2 clous de girofle, 2 carottes, une pincée de gros poivre et une prise de muscade. — Faites cuire à feu doux, afin d'éviter une trop grande réduction. — Les queues cuites, égouttez-les, dégraissez la cuisson et clarifiez-la avec de la viande pilée.

Tournez 24 morceaux de carotte en forme de bouchon. — Faites-les cuire et glacer. — Faites le même nombre d'oignons cuits et glacés. — Au moment de servir, mettez les morceaux de queue dans la soupière, avec les carottes et les oignons. — Versez le consommé dessus et servez.

POTAGE DE MOUTON ÉCOSSAIS

Coupez en morceaux 5 collets de mouton. — Faites-les blanchir et dégorger. — Égouttez-les, essuyez-les et mettez-les dans une marmite, avec 4 litres de bouillon, 2 oignons dont un piqué de 2 clous de girofle, 2 carottes, un bouquet de persil garni de thym, laurier et basilic et 1 carré de mouton court, dont vous aurez enlevé l'échine. — Faites bouillir, écumez et mettez sur le coin du fourneau. — Quand le carré de mouton est cuit, retirez-le de la marmite. — Passez le consommé à la serviette après l'avoir bien dégraissé et clarifié avec chair de mouton sans nerfs ni graisse.

Faites blanchir à grande eau 100 grammes d'orge de Francfort. — Rafraîchissez-la et faites-la cuire avec eau, sel et beurre. Il faut au moins cinq heures de cuisson.

Marquez une brunoise de manière à en avoir 3 décilitres quand elle est cuite. — Égouttez l'orge. — Coupez le carré de mouton en côtelettes. — Mettez dans la soupière l'orge, la brunoise et les côtelettes. — Versez dessus le consommé bouillant et servez.

POTAGE DE LEVRAUT A L'ANGLAISE

Prenez un levraut trois-quarts. — Dépouillez-le et coupez-le en morceaux d'égale grosseur. — Faites fondre dans une casserole 125 grammes de beurre et placez-y les morceaux de levraut, avec sel, thym, laurier, macis, 1 oignon coupé en rouelles, 1 carotte coupée en morceaux, mignonnette et poivre de Cayenne. — Faites revenir le tout sur le feu et saupoudrez de farine. — Tournez sur le feu pendant quelques minutes. — Mouillez alors avec moitié consommé et moitié bon vin de Bourgogne. — Remuez avec la cuiller de bois et, au premier bouillon, faites aller à feu doux.

Lorsque le levraut est cuit, mettez une passoire dans une terrine et versez-y le levraut. — Nettoyez chaque morceau, en ayant bien soin qu'il n'y reste aucune esquille. — Rangez les morceaux dans une casserole, couvrez-les et tenez-les au bain-marie.

Passez le potage à travers l'étamine et mettez-le pendant une heure sur le coin du fourneau. — Mettez ensuite le levraut dans la soupière. — Écumez le potage, faites-le bouillir et liez-le avec le sang que vous aurez réservé en le découpant. — Versez sur le levraut et servez.

POTAGE D'ORGE PERLÉE A L'IRLANDAISE

Mettez dans une marmite 1 épaule de mouton rôtie et 1 jarret de veau. — Désossez 2 poules. —

Mouillez avec bouillon. — Ajoutez 2 carottes, 2 navets dont un piqué de 2 clous de girofle, un bouquet de poireaux, un de céleri garni de thym, laurier et basilic, une prise de poivre de Cayenne et un pincée de mignonnette. — Faites bouillir, puis mettez cuire sur le coin du fourneau.

Faites blanchir à grande eau 200 grammes d'orge de Francfort. — Égouttez, rafraîchissez et mettez-la dans une casserole, avec eau, beurre et sel. — Après six heures de cuisson, égouttez-la et mettez-la dans une casserole avec 1 litre de consommé. — Laissez-la cuire encore très-doucement. — Clarifiez le consommé avec chair de mouton pilée.

Faites 3 décilitres de brunoise. — Mettez brunoise et orge dans la soupière et versez dessus le consommé bouillant.

POTAGE D'ESCALOPES DE LEVRAUT

Levez les filets à 2 levrauts, escalopez-les et rangez-les dans un plat à sauter beurré et assaisonné. — Ayez soin de réserver le sang, lorsque vous dépouillerez les levrauts. — Mettez les cuisses à part et cassez tous les os. — Faites fondre dans une casserole 200 grammes de beurre, ajoutez-y les os, 1 carotte, 1 oignon, un bouquet de persil garni de thym, laurier et marjolaine. — Faites revenir et saupoudrez de farine. — Mouillez avec vin de Bourgogne et bouillon. — Faites bouillir pendant deux heures. — Passez alors à l'étamine et faites clarifier sur le coin du fourneau. — Faites sauter les escalopes, mettez-les dans la soupière et versez dessus le potage, que vous aurez lié au sang. — Servez.

POTAGE DE POISSON LADY MORGAN

Levez les filets d'une petite barbue, d'une moyenne sole et d'une petite anguille. — Mettez avec une bouteille de vin de Champagne les parures de ces poissons, la chair d'un citron, mais sans pepins, les parures de 500 grammes de truffes cuites, 1 maniveau de champignons, 2 carottes, 1 pied de céleri, le tout émincé, une petite pincée de marjolaine, laurier, basilic, romarin, une petite prise de muscade et de poivre de Cayenne, 2 clous de girofle, 2 anchois bien dessalés et un peu de sel. — Faites cuire à feu doux pendant une heure. — Passez au tamis de soie. — Sautez les filets en escalopes.

Faites une farce de merlan au beurre d'écrevisses, en réservant les queues pour le potage. — Couchez les quenelles avec des cuillers à café dans un plat à sauter beurré. — Épluchez 200 grammes de crevettes. — Ayez 24 champignons tournés et cuits. — Coupez en escalopes de 2 centimètres 1/2 les truffes, dont les parures vous ont servi à faire de l'essence. — Pochez les quenelles. — Ajoutez à l'essence de poisson la cuisson des truffes et 2 litres de blond de veau. — Clarifiez le tout avec la chair des merlans et les parures des filets.

Mettez dans la soupière les truffes, les champignons, les queues d'écrevisses et de crevettes, les quenelles, les escalopes de poisson et 2 douzaines d'huîtres blanchies. — Versez le consommé sur le tout et servez.

Ce potage fut composé par Carême et servi, à Boulogne-sur-Seine, chez le baron de Rothschild, lors d'une visite de Lady Morgan.

POTAGE A LA BUCKINGHAM

Taillez en grosse julienne racines de persil, pieds de céleri, poireaux et rouge de carottes. — Passez ces légumes au beurre et, lorsque la julienne a pris une couleur rouge, mouillez-la avec 2 litres de consommé et 1 litre de madère sec. — Ajoutez de la mignonnette et une pointe de poivre de Cayenne.

Ayez 6 laitances de maquereau et 300 grammes d'escalopes de saumon. — Faites cuire les laitances dans de l'eau de sel et du vinaigre. — Quand elles sont cuites, faites-les dégorger dans de l'eau salée et égouttez-les. — Sautez les escalopes de saumon. — Coupez les laitances en morceaux égaux et mettez-les dans la soupière, ainsi que les escalopes. — Versez le consommé dessus. — Ajoutez-y une cuillerée à bouche de fenouil haché et servez.

SOUPE AU FROMAGE ET A LA BIÈRE

Cette soupe est fort estimée en Angleterre, où j'ai eu occasion de la manger. Je n'hésite pas à déclarer qu'elle n'est nullement de mon goût.

Coupez en lames du fromage de Chester, mettez-le dans une casserole et chauffez-le sur un feu doux. — Mouillez avec de la bière, donnez un bouillon et versez sur le pain, que vous aurez coupé en lames et mis dans la soupière. — Goûtez et ajoutez un peu de sel, si c'est nécessaire.

Cette soupe doit être épaisse et demande à être servie très-chaude.

CHAPITRE III

POTAGES ITALIENS.

CONSOMMÉ ESTOUFFADE POUR LES POTAGES ITALIENS

Mettez dans une casserole 500 grammes de lard gras. — Prenez 2 carottes et 2 oignons coupés en gros dés. — Mettez 3 kilogr. de tranche de bœuf. — Passez le tout d'une couleur blonde. — Mouillez avec 4 litres de consommé. — Ajoutez un bouquet de persil garni de thym, laurier, basilic et macis, une pincée de mignonnette; ne mettez pas de sel. — Faites cuire à petits bouillons sur le coin du fourneau. — La viande cuite, passez le consommé à la serviette. — Si ce consommé est fait avec soin, il doit être très-clair; autrement il faudrait le clarifier avec de la tranche de bœuf pilée.

POTAGE DE MACARONI AUX QUENELLES ET JULIENNE DE VOLAILLE.

Faites de la farce avec 2 filets de poulette, couchez-la en quenelles avec des cuillers à café et rangez ces quenelles dans un plat à sauter beurré.

Faites blanchir dans de l'eau salée 300 grammes de macaroni cassé en morceaux de 2 centimètres. — Au bout de quinze minutes, égouttez le macaroni, remettez-le dans la casserole et couvrez-le de consommé estouffade. — Faites-le mijoter pendant vingt-cinq minutes.

Faites rôtir un poulet gras, levez-en les filets et taillez-les en julienne. — Mettez la julienne de poulet dans la soupière, les quenelles que vous aurez pochées dans du consommé, ainsi que le macaroni, bien égoutté. — Versez dessus 3 litres de consommé estouffade. — Servez avec une assiette de Parmesan râpé.

POTAGE DE MACARONI A LA NUMA

Préparez une farce de filets de cailles pour en faire 80 petites quenelles que vous couchez à la cuiller à café. — Mettez les carcasses des cailles dans une casserole, avec 1 oignon piqué d'un clou de girofle, un bouquet de persil garni de thym, laurier, macis et basilic. — Ajoutez 1 litre de consommé estouffade. — Faites bouillir, écumez et finissez de cuire sur le coin du fourneau. — Cassez en morceaux de 2 centimètres de long et blanchissez 300 grammes de macaroni de Naples. — Égouttez-le, remettez-le dans la casserole et finissez de le cuire avec de l'essence de caille, que vous aurez passée à la serviette sans la dégraisser. — Faites pocher les quenelles, égouttez-les ainsi que le macaroni. — Mettez dans la soupière et versez dessus 3 litres de consommé estouffade. — Servez à part fromage de Parmesan râpé.

POTAGE DE MACARONI A LA BOLONAISE

Cassez 300 grammes de macaroni de Naples en morceaux de 2 centimètres. — Faites-le blanchir, égouttez-le et finissez de le cuire avec du consommé estouffade. — Préparez 3 décilitres d'escalopes de filet de bœuf rôti et même quantité de langue à l'écarlate.

Mettez dans une casserole 2 litres 1/2 de consommé estouffade avec 1 demi-litre de purée de tomates passée au tamis de soie. — Faites bouillir en tournant avec la cuiller de bois. — Laissez pendant dix minutes sur le coin du fourneau. — Mettez les escalopes dans la soupière. — Écumez le potage et versez-le sur les escalopes après l'avoir laissé tomber à 60 degrés de chaleur. — Servez à part du fromage de Parmesan râpé.

POTAGE DE MACARONI A LA SAINT-JANVIER

Faites de la farce de merlan en quantité suffisante pour obtenir 50 petites quenelles, que vous couchez avec une cuiller à café. — Faites cuire 50 écrevisses, dont les queues serviront à garnir le potage, et les coquilles à faire le beurre d'écrevisses. — Faites aussi 50 escalopes de saumon et blanchissez 5 belles laitances de carpe. — Cassez en morceaux de 2 centimètres 300 grammes de petit macaroni. — Blanchissez-le, égouttez-le, finissez de le cuire dans une casserole avec consommé estouffade. — Faites pocher les quenelles, sautez les escalopes et coupez les laitances en gros dés. — Mettez toutes ces garnitures dans la soupière avec le macaroni. — Mettez dans une casserole 2 litres d'estouffade, 1 litre d'espagnole et faites bouillir. — Liez avec le beurre d'écrevisses et versez l'estouffade en la passant à travers une passoire. — Servez à part du fromage de Parmesan râpé.

POTAGE DE MACARONI A LA CORINNE

Préparez une macédoine avec carottes, navets, petits pois, pointes d'asperges. — Faites blanchir 300 grammes de macaroni, puis finissez de le cuire dans du consommé estouffade. — Égouttez le macaroni, mettez-le dans la soupière, ainsi que la macédoine. — Versez dessus 3 litres de consommé estouffade. — Servez à part fromage de Parmesan râpé.

POTAGE DE MACARONI MILANAIS

Faites blanchir 300 grammes de gros macaroni de Naples. — Égouttez, rafraîchissez et coupez-le en morceaux de 2 centimètres de long. — Mettez-le dans une casserole avec consommé estouffade, 100 grammes de beurre et une forte prise de mignonnette. — Finissez de le cuire.

Marquez une garniture ainsi composée : une escalope de truffe de 1 centimètre 1/2 cuite au madère, une escalope de langue à l'écarlate, filets de poulet gras, champignons et 1 douzaine de crêtes de poulet gras. — Égouttez le macaroni, mettez toutes les garnitures dans la soupière et versez dessus du consommé estouffade à 60 degrés de chaleur au plus. — Servez à part du fromage de Parmesan râpé.

POTAGE A LA ROSSINI

Faites braiser 12 cailles emballées de bardes de lard et mouillées avec du consommé estouffade. — Ajoutez 1 oignon piqué d'un clou de girofle, un bouquet de persil garni de thym, laurier, basilic et macis, 15 grains de poivre blanc écrasé. — Faites cuire. — Les cailles cuites, laissez refroidir à moitié dans le fond. — Égouttez les cailles, levez les filets, retirez les peaux et parez-les. — Mettez les filets dans un plat à sauter légèrement beurré et couvrez-les d'un rond de papier beurré.

Faites blanchir 300 grammes de macaroni de Naples cassé en morceaux de 2 centimètres. — Au bout de quinze minutes, égouttez le macaroni et remettez-le dans la casserole avec la cuisson des cailles, qui doit être passée et non dégraissée. — Faites mijoter le macaroni dans ce fond. — Couvrez les filets de caille de consommé estouffade et faites-les chauffer. — Égouttez-les, ainsi que le macaroni, mettez-les dans la soupière et versez dessus 3 litres de consommé estouffade. — Servez à part du fromage de Parmesan râpé.

POTAGE MACARONI AUX ÉCREVISSES ET AUX LAITANCES DE CARPE

Faites cuire 50 écrevisses de fleuve, surtout des pieds rouges, avec consommé de volaille, oignon, carotte et persil. — Sautez fréquemment les écrevisses afin qu'elles cuisent toutes également. — Quand elles sont parfaitement rouges, retirez-les du feu.

Faites un velouté peu lié, avec essence de poisson. — Faites cuire 300 grammes de macaroni de Naples dans du consommé de volaille, après l'avoir blanchi. — Épluchez les écrevisses, réservez les queues pour garnir le potage et faites le beurre avec les coquilles. — Faites cuire 6 belles laitances de carpe après les avoir épluchées et dégorgées. — Coupez ces laitances en morceaux égaux. — Égouttez le macaroni. — Mettez laitances, queues d'écrevisses et macaroni dans la soupière. — Faites bouillir le velouté et liez-le avec le beurre d'écrevisses. — Versez-le sur les garnitures et servez à part du fromage de Parmesan râpé.

POTAGE MACARONI A LA MÉDICIS

Levez les filets à 2 lapereaux de garenne. — Parez ces filets en escalopes, rangez-les dans un plat à sauter beurré et couvrez-les d'un rond de papier beurré. — Mettez les cuisses et les carcasses dans une casserole avec 3 décilitres de vin blanc très-sec, 1 oignon, un bouquet de persil, une pincée de mignonnette, une de muscade, puis mouillez avec consommé et faites cuire. — L'essence cuite, passez au tamis de soie. — Faites blanchir 300 grammes de macaroni, égouttez-le et finissez de le faire cuire avec l'essence de lapereaux. — Au moment de servir, sautez les escalopes et égouttez-les, ainsi que le macaroni. — Mettez dans la soupière. — Versez dessus 3 litres de consommé estouffade et servez fromage de Parmesan râpé à part.

POTAGE DE MACARONI A LA NAPOLITAINE

Faites blanchir 400 grammes de macaroni et égouttez-le. — Mettez-le dans une casserole avec 1 demi-litre d'estouffade, 30 grammes de glace de volaille et 50 grammes de beurre. — Faites mijoter jusqu'à cuisson. — Le macaroni cuit, mettez 200 grammes de fromage de Parmesan râpé. — Mettez ensuite le macaroni dans une casserole d'argent et arrosez-le légèrement avec estouffade. — Saupoudrez-le de Parmesan râpé et faites-lui prendre couleur. — Servez dans une soupière le consommé estouffade et le macaroni à part.

Carême faisait tous ses potages italiens comme le napolitain qui précède. Comme c'est un mets national en Italie, nous n'avons rien changé à la recette. Toutefois nous trouvons que ces potages sont lourds et trop nourrissants. Tout en leur laissant leur caractère et leur goût, nous les avons rendus plus nets, plus onctueux et plus conformes au goût général.

Ceux de nos confrères qui voudront opérer comme Carême, suivront la recette du potage napolitain : ils mettront dans le fond d'une casserole d'argent un lit de macaroni saupoudré de fromage, un lit de garnitures, un de macaroni, et ainsi de suite jusqu'à ce que la casserole soit remplie. On finit en couvrant de fromage et en faisant gratiner. On sert à part le consommé.

POTAGE DE LAZAGNES A L'ITALIENNE

Faites blanchir 400 grammes de lazagnes à l'eau bouillante et salée. — Égouttez, remettez dans la casserole avec consommé et faites mijoter vingt-cinq minutes. — Préparez une purée de volaille et mêlez-la aux lazagnes avec fromage de Parmesan. — Remplissez une casserole d'argent de lazagnes et saupoudrez-les de fromage. — Faites gratiner et servez avec une soupière de consommé estouffade.

POTAGE DE RAVIOLES A L'ITALIENNE

Faites une farce de volaille avec deux filets de poularde rôtie et pilée. — Ajoutez 6 grammes de Parmesan râpé, 1 demi-décilitre de fromage à la crème, 4 jaunes d'œuf, 1 demi-décilitre d'épinards blanchis, hachés et passés au beurre, une petite prise de sel et une de mignonnette. — Faites 1 demi-litre de pâte à nouilles, dans laquelle vous ajoutez 25 grammes de Parmesan râpé, une pointe de mignonnette et une de muscade râpée. — Mouillez avec 5 jaunes d'œuf et crème double. — Ajoutez 25 grammes de beurre. — Laissez cette pâte, puis abaissez-la très-mince. — Coupez des ronds avec un coupe-pâte godronné de 5 centimètres. — Mouillez légèrement les ronds et couchez dessus des morceaux de la grosseur d'une aveline. — Reployez la pâte pour en faire des demi-ronds, rangez ceux-ci sur un couvercle et saupoudrez-les de farine. — Faites cuire dans du consommé estouffade 125 grammes de semoule de Naples, avec 25 grammes de beurre et une prise de mignonnette.

Faites blanchir les ravioles, égouttez-les et faites mijoter dans du consommé pendant vingt-cinq minutes. — Mettez dans une casserole d'argent un lit de semoule, un lit de ravioles et saupoudrez de fromage. — Continuez par un lit de semoule, un lit de ravioles et une couche de fromage jusqu'à ce que la casserole soit remplie. —Mettez gratiner au four et servez consommé estouffade à part.

Ces deux potages de lazagnes et de ravioles sont, comme le macaroni à la napolitaine, des mets du pays : on doit se garder d'y rien changer.

POTAGE DE SEMOULE A LA NAPOLITAINE

Faites bouillir 3 litres d'empotage (p. 25). — Mêlez-y, en remuant avec une cuiller, 250 grammes de grosse semoule de Naples. — Faites cuire sur le coin du fourneau à casserole couverte. — Au moment de servir, versez la semoule dans la soupière, puis un salpicon fait avec 2 filets de poularde et 12 moyennes crêtes bien blanches et cuites dans un blanc. — Servez fromage de Parmesan à part.

POTAGE DE RIZ A LA PIÉMONTAISE

Faites blanchir 400 grammes de riz de Caroline, rafraîchissez-le, puis mettez-le dans 2 litres d'empotage (p. 25). — Mettez-le sur le feu et, au premier bouillon, remuez-le avec une grande cuiller. — Couvrez le feu et faites cuire pendant quarante minutes à très-petits bouillons.

Coupez en dés des navets de manière à en avoir 4 décilitres. —Coupez de même des oignons blancs. — Passez séparément navets et oignons jusqu'à ce qu'ils soient blonds. — Mouillez avec consommé et faites cuire. — Au moment de servir, mettez le riz dans la soupière et versez-y navets et oignons. — Ajoutez 30 grammes de beurre et mêlez légèrement pour ne pas écraser les légumes. — Servez fromage de Parmesan à part.

POTAGE DE QUENELLES A LA VÉNITIENNE

Mettez dans une casserole 60 grammes de beurre, faites-le fondre et remplissez-le de farine passée au tamis pour en faire un roux. — Laissez cuire cinq minutes. — Mouillez avec consommé estouffade pour en faire une pâte ferme. — Desséchez et mouillez avec 4 jaunes d'œufs. — Mettez une pincée de mignonnette, une de muscade et 60 grammes de Parmesan râpé. — Mêlez bien. — Faites un essai pour vous assurer si la farce est bonne de goût et de consistance. Si elle est trop ferme, on ajoute un peu de bonne crème; si elle n'est pas assez consistante, ajoutez du jaune d'œuf. — Couchez cette farce en petites quenelles avec une cuiller à café et rangez-les dans un plat à sauter beurré.

Faites bouillir 3 litres de consommé estouffade. — Pochez les quenelles, égouttez-les et mettez-les dans la soupière. — Versez dessus le consommé estouffade et servez fromage de Parmesan à part.

POTAGE SICILIEN AU RIZ

Essuyez dans une serviette 300 grammes de riz. — Mettez-le dans une casserole avec 100 grammes de saindoux. — Assaisonnez-le de sel, mignonnette et piment doux. — Après l'avoir passé dix minutes, mouillez-le avec 1 litre de consommé estouffade. — Faites cuire une demi-heure. — Ajoutez 3 décilitres de purée de tomates, 125 grammes de Parmesan râpé et mêlez légèrement. — Assurez-vous si le riz est de bon goût. — Versez-le dans une casserole à légumes et servez à part 2 litres de consommé estouffade.

POTAGE ROCAMBOLE GÉNOIS

Épluchez des rocamboles de manière à en avoir 4 décilitres. — Faites-les blanchir à grande eau. — Égouttez et rafraîchissez. — Égouttez de nouveau. — Mettez les rocamboles dans une casserole et couvrez-les de consommé de volaille. — Ajoutez un morceau de sucre du poids de 6 grammes et faites mijoter jusqu'à cuisson. — Lorsqu'ils sont cuits, mettez dans une casserole 1 litre 1/2 de consommé de volaille et 1 litre 1/2 de velouté. — Faites bouillir et liez avec 6 jaunes d'œufs et 2 décilitres de crème. — Égouttez les rocamboles et mettez-les dans la soupière. — Passez le potage et versez-le sur les rocamboles. — Servez à part une assiette de Parmesan râpé et des croûtons séchés au four.

POTAGE DE RIZ A L'ITALIENNE

Râpez 250 grammes de lard gras. — Épluchez, lavez et émincez 500 grammes de choux blancs. — Mettez le lard et les choux dans une casserole, avec sel, mignonnette, 2 gousses d'ail et un bouquet de fenouil. — Faites cuire à l'estouffade pendant une heure, mouillez alors le chou avec 1 litre de consommé et faites cuire pendant deux heures. — Ajoutez 300 grammes de riz lavé et blanchi. — Laissez cuire vingt-cinq minutes. — Dégraissez le potage. — Retirez l'ail et le bouquet. — Mettez le potage dans la soupière. — Versez dessus 2 litres de consommé bouillant et servez Parmesan à part.

POTAGE VÉNITIEN AUX ŒUFS POCHÉS

Préparez 250 grammes d'orge de Francfort comme il est dit au potage d'orge perlée à la viennoise (p. 233). — Au moment de servir, mettez dans la soupière 1 demi-litre de petits pois cuits à l'eau de sel et égouttés. — Versez l'orge dessus et servez à part 12 œufs pochés.

CHAPITRE IV

POTAGES ALLEMANDS

POTAGE DE SEIGLE VERT A L'ALLEMANDE

Mettez dans une marmite 2 poules et 2 jarrets de veau désossés. — Ajoutez 4 litres de bouillon. — Faites bouillir et écumez. — Mettez-y un bouquet de céleri, un de poireau, 2 oignons et 2 carottes. — Lorsque les poules et le veau sont cuits, retirez du feu, dégraissez et passez à la serviette. — Remettez dans une casserole, en ajoutant 500 grammes de petit seigle vert, bien trié et lavé. — Coupez le blanc de 6 poireaux et de 4 pieds de céleri et taillez-le en grosse julienne. — Faites cuire sur le coin du fourneau.

Mettez dans une terrine 125 grammes de farine et délayez-la avec du consommé froid. — Remettez le potage en plein feu et versez-y la liaison en la passant à travers une passoire fine. — Pour bien faire cette liaison, il faut être deux, l'un versant, et l'autre mêlant avec la cuiller. — Lorsque la liaison est bien mêlée, remettez le potage pendant une heure sur le coin du fourneau. — Écumez ensuite et servez.

POTAGE DE POIS AU CUMIN A L'ALLEMANDE

Faites un consommé comme celui du potage au seigle vert. — Mettez-le dans une casserole. — Ajoutez 1 litre de pois fins et une liaison à la farine comme au potage précédent. — Hachez très-fin 25 grammes de cumin et mettez-le dans le potage. — Les pois cuits, écumez le potage et servez.

POTAGE DE CHOUCROUTE A L'ALLEMANDE

Coupez en dés 500 grammes de petit lard. — Faites-le blanchir et passez-le dans le saindoux. — Lorsque le lard sera blond, mouillez-le avec du grand bouillon (p. 29). — Ajoutez 700 grammes de choucroute, un bouquet de persil garni de thym et de laurier, 2 oignons dont un piqué de 2 clous de girofle et 2 carottes. — Faites mijoter pendant deux heures. — Retirez bouquet, oignons, carottes et grains de genièvre contenus dans la choucroute. — Égouttez la choucroute, pressez-la et mettez-la dans la soupière. — Versez dessus 2 litres du consommé préparé au potage de seigle vert (p. 228) bouillant.

POTAGE DE CHOUX AIGRE-DOUX

Émincez 500 grammes de choux blancs, lavez-les et pressez-les. — Mettez-les dans une casserole avec 200 grammes de beurre. — Passez à blanc et ajoutez 1 décilitre de bon vinaigre. — Mouillez avec le consommé du potage de seigle vert (p. 228). Ajoutez 25 grammes de sucre en morceaux, 2 oignons, 2 carottes, et faites cuire pendant trois heures à feu doux. — Retirez carottes et oignons et servez, sur une assiette à part, des croûtes de pain à potage grillées.

POTAGE DE PAIN A L'ALLEMANDE

Mettez dans une casserole 200 grammes de mie de pain à potage, une prise de sel et une de muscade. — Mouillez avec crème, de manière à obtenir une pâte ferme. — Ajoutez 30 grammes de beurre, puis desséchez sur le feu. Cette panade doit être ferme. — Mouillez ensuite avec des œufs et faites un essai, car, si cette panade doit être consistante, il faut qu'en même temps elle soit moelleuse. — Couchez-la au cornet, dans un plat à sauter beurré, en quenelles de la grosseur d'une petite aveline.

Mettez dans une casserole 3 litres du consommé préparé au potage au seigle vert (p. 228). — Faites bouillir et ajoutez 1 demi-litre de petits pois. —

Les pois cuits, pochez les quenelles, égouttez-les et mettez-les dans la soupière. — Versez dessus le consommé et les pois, puis mêlez-y 3 décilitres de crème double : ce mélange doit se faire avec soin, car il faut éviter de briser les quenelles.

POTAGE DE CRÊPES A LA VIENNOISE

Faites, avec 60 grammes de farine, de l'appareil à crêpes très-fin. — Faites des crêpes avec cette pâte, en ayant soin qu'elles ne prennent pas couleur. — Les crêpes cuites et refroidies, taillez-les en carrés et étendez sur chaque carré une couche de farce de volaille de 5 millimètres d'épaisseur. — Roulez les crêpes et placez-les dans un plat à sauter beurré. — Lorsque toutes les crêpes sont garnies (il en faut 6 pour un potage de 12 personnes), couvrez-les d'un rond de papier et faites-les pocher au four. — Laissez-les refroidir et coupez-les en rouelles de 1 centimètre d'épaisseur. — Faites bouillir 3 litres de consommé du potage de seigle vert (p. 228). — Faites chauffer les rouelles de crêpes et mettez-les dans la soupière. — Versez dessus le consommé bouillant et servez.

Ce potage se fait aussi au maigre : pour cela, on remplace la farce de volaille par de la farce de merlan, et le consommé par du consommé maigre de poisson (p. 165) ou de racines (p. 155).

POTAGE AUX QUENÈFES

Mettez dans une terrine 375 grammes de farine passée au tamis. — Détrempez cette farine avec des œufs pour lui donner la consistance de la pâte mollette. — Ajoutez sel, poivre et muscade, puis 100 grammes de beurre fondu. — Saupoudrez la table de farine. — Taillez la pâte en morceaux de la grosseur d'un œuf de pigeon. — Roulez-la en olives et mettez celles-ci dans un plat à sauter beurré. — Quarante minutes avant de servir, versez du consommé bouillant sur les quenèfes. — Faites-les mijoter pendant trente minutes, égouttez-les et mettez-les dans la soupière. — Versez dessus du consommé bouillant comme celui du potage au seigle vert (p. 228).

POTAGE DE QUENÈFES AU PARMESAN

Marquez un appareil comme le précédent. — Ajoutez-y 30 grammes de parmesan rapé. — Finissez comme le potage ci-dessus et servez à part du fromage de Parmesan râpé.

POTAGE DE QUENÈFES AUX PETITS POIS

Préparez des quenèfes comme ci-dessus. — Faites bouillir 3 litres de consommé comme celui du potage au seigle vert (p. 228). — Liez ce consommé à la farine et versez-le bouillant dans la soupière. — Liez-le ensuite avec 8 jaunes d'œufs et 2 décilitres de crème. — Mettez les quenèfes dans la soupière avec 1 demi-litre de petits pois cuits à l'eau de sel et égouttez. — Servez.

POTAGE HONGROIS A L'ORGE PERLÉE

Blanchissez dès la veille 500 grammes d'orge de Francfort. — Égouttez, remettez dessus de l'eau bouillante et laissez tremper pendant toute la nuit. — Le lendemain matin, mettez au feu 3 litres 1/2 de consommé fait comme celui du potage au seigle vert (p. 228). — Faites bouillir, égouttez l'orge et mettez-la dans le consommé. — Quand l'orge est bien mêlée, faites-la cuire à petits bouillons pendant trois heures. — Ajoutez une julienne de blanc de poireaux et de blanc de céleri. — Laissez sur le feu jusqu'à cuisson des légumes. — Écumez, liez avec 6 jaunes d'œufs et 2 décilitres de crème, et servez.

POTAGE D'ORGE PERLÉE A LA VIENNOISE

Préparez comme il est dit plus haut 500 grammes d'orge de Francfort. — Le lendemain, égouttez. — Mettez bouillir 3 litres 1/2 de consommé préparé comme celui du potage au seigle vert (p. 228). — Faites bouillir l'orge et liez-la avec de la farine et du consommé. — Après trois heures de cuisson à feu très-doux, ajoutez une chiffonnade de laitue, d'oseille et de cerfeuil, que vous aurez blanchie à l'eau de sel. — Laissez cuire jusqu'à ce que l'orge s'écrase sous le doigt. — Écumez et versez dans la soupière. — Ajoutez 100 grammes de beurre et servez.

POTAGE D'ORGE PERLÉE HAMBOURGEOIS

Préparez 500 grammes d'orge perlée comme celle du potage précédent. — Liez-la de la même manière. — Ajoutez-y une julienne de racines de persil. — Après trois heures de cuisson, coupez également en julienne 100 grammes de bœuf de Hambourg cuit. — Mettez-le dans la soupière. — Écumez l'orge et versez-la dessus. — Servez à part du raifort râpé.

SOUPE AU SARRASIN ET AU CUMIN

Cette soupe vient de Hongrie, où elle est une sorte de mets national. Des échantillons en ont été envoyés à une exposition gastronomique où je figurais comme juré. Pas plus que de la soupe au maïs, je n'en suis guère partisan. Cependant, comme j'ai rencontré des personnes qui l'ont mangée avec plaisir, je crois devoir donner ici la manière de la préparer.

Mettez dans une casserole 100 grammes de graisse de porc et 250 grammes de farine de sarrasin. — Passez quelques minutes sur le feu en remuant avec une cuiller de bois. — Ajoutez-y 1 litre 1/2 d'eau, sel, poivre et 50 grammes de cumin. — Laissez cuire lentement pendant une demi-heure. — Assurez-vous de l'assaisonnement et servez.

CHAPITRE V

POTAGES HOLLANDAIS, ESPAGNOLS, AMERICAINS ET TURCS

POTAGE GARNI DE LAITANCES DE HARENG A LA HOLLANDAISE

Mettez dans une marmite une sous-noix de veau, 2 poules colorées à la broche, 500 grammes de tranche de bœuf et 4 litres de bouillon. — Faites bouillir et écumez. — Ajoutez un bouquet de persil garni de thym, laurier, basilic, macis, 2 oignons dont un garni de 2 clous de girofle, 2 carottes, 6 poireaux, 1 branche de céleri et une forte pincée de mignonnette. — Quand les viandes sont cuites, dégraissez et passez à la serviette. — Faites un roux pour lier légèrement le consommé et laissez cuire pendant une heure sur le coin du fourneau.

Faites cuire, dans de l'eau de sel légèrement acidulée de vinaigre, 10 laitances de harengs frais, puis faites-les dégorger dans de l'eau salée pour ôter le goût de vinaigre. — Égouttez les laitances. — Coupez-les en morceaux de 3 centimètres de longueur et mettez-les dans la soupière avec une cuillerée de fenouil haché et blanchi. — Écumez le potage, versez-le doucement sur les laitances et servez à part des croûtons de pain à potage séchés au four.

POTAGE D'ÉCREVISSES A LA HOLLANDAISE

Préparez un consommé comme celui du potage de laitances (p. 236) et ajoutez-y une pointe de poivre de Cayenne. — Faites cuire 50 écrevisses avec sel, poivre, vinaigre, oignons coupés en rouelles et persil en branches. — Les écrevisses cuites, laissez refroidir. — Épluchez les queues, que vous parez et réservez pour garnir le potage. — Faites un beurre avec les coquilles et les pattes. — Coupez en petits dés 100 grammes de fromage de Hollande. — Versez le consommé bouillant dans la soupière et mêlez-y le beurre d'écrevisses. — Ajoutez les fromages et les queues, et servez.

POTAGE HOLLANDAIS

Faites, avec la cuiller à légumes, 60 boules de pomme de terre de 1 centimètre 1/2 de grosseur, et même quantité de quenelles de merlan au beurre d'anchois. — Mettez dans la soupière 3 litres de consommé bouillant. — Ajoutez-y 1 demi-litre de ois fins cuits à l'eau de sel et égouttés, une pluche de cerfeuil, les quenelles et les pommes de terre, et servez.

OILLE A L'ESPAGNOLE

Ayez une culotte de bœuf désossée, du poids de 4 kilogr., 1 kilogr. de tendons de veau, 2 pigeons, 1 poulet, 1 poitrine de mouton, 2 perdrix, 500 grammes de petit lard, 1 jambonneau bien dessalé, 8 saurisos ou saucisses espagnoles et 1 canard. — Ficelez les viandes; videz, flambez et épluchez le poulet et les autres volailles et gibiers. — Mettez le tout dans une marmite.

Ayez 2 litres de garvances ou pois chiches que vous aurez fait tremper pendant vingt heures : vous mettrez les garvances lorsque les viandes seront à moitié cuites. — Mouillez le tout avec grand bouillon (p. 29), faites bouillir, écumez et égouttez.

Enveloppez dans un linge 2 piments doux, 6 piments enragés, une pincée de mignonnette, 4 clous de girofle et la moitié d'une noix de muscade. — Mettez dans la marmite et faites cuire sur le coin du fourneau. — Retirez chaque morceau de viande ou de volaille aussitôt qu'il est cuit.

Mettez dans une casserole 1 chou épluché, lavé et coupé en quatre. — Faites-le blanchir. — Égouttez, pressez, assaisonnez et ficelez-le. — Remettez-le dans une casserole, mouillez-le avec grand bouillon dégraissé de l'oille. — Tournez 30 navets et 30 carottes en poires de 3 centimètres de long sur 2 de large, faites-les blanchir et cuire séparément. — Épluchez, lavez et blanchissez 8 laitues et faites-les cuire. — Faites glacer 24 oignons moyens.

Quand le tout est cuit, retirez les viandes. — Passez et dégraissez le potage. — Clarifiez-le avec viande de bœuf et de veau pilée. — Réservez les garvances. — Faites cuire 1 litre de pois à l'eau de sel. — Parez les viandes, glacez-les, dressez-les sur un grand plat, la culotte au milieu, les saucisses à un bout, le jambon à l'autre bout; puis, rangez autour de la culotte les tendons, le lard que vous aurez coupé en morceaux carrés, la poitrine, le poulet, le canard et les pigeons découpés. — Mettez par bouquets sur les viandes les choux, laitues, carottes, navets, oignons et petits pois. — Servez le consommé dans une soupière à part.

POTAGE AU RIZ A L'ESPAGNOLE

Marquez un consommé comme l'estouffade de macaroni à la napolitaine (p. 221). — Faites cuire 8 saurisos ou saucisses espagnoles. — Lavez et blanchissez 300 grammes de riz de Caroline, mouillez-le avec du consommé estouffade et ajoutez 50 grammes de piment doux en poudre et 4 gousses d'ail, que vous retirerez avant de servir le riz. — Faites cuire pendant trente minutes à feu doux. — Retirez la peau aux saucisses, et coupez celles-ci en rouelles de 1 centimètre d'épaisseur. — Dressez le riz en rocher sur un plat et rangez les saucisses autour.

—Servez à part une soupière de consommé estouffade.

Pour les potages au riz à l'espagnole, pour mouiller les potages aux garvances ou aux tendons de veau, on se sert aussi du consommé de l'oille (p. 238).

POTAGE TORTUE

Les Américains du Nord mettent, comme les Anglais, le potage tortue au rang de leurs mets nationaux. Les Suédois et les Danois l'ont également en grande estime. Nous l'avons décrit dans la série des Potages anglais (p. 202).

POTAGE AMÉRICAIN AU KARI

Mettez dans une casserole 60 grammes de kari avec 100 grammes de beurre et 2 oignons émincés. — Faites passer pendant dix minutes sur le feu en tournant avec la cuiller de bois. — Ajoutez 60 grammes de farine et mouillez avec 3 litres de consommé. Tournez sur le feu et, au premier bouillon, mettez-y 2 petits poulets préparés et retroussés et un bouquet de persil garni de thym, laurier, basilic et macis. Quand les poulets sont cuits, laissez-les refroidir et découpez-les, en supprimant les pilons et les carcasses. — Tenez-les chaudement au bain-marie. — Faites crever, pendant vingt-cinq minutes au plus, 300 grammes de riz bien blanchi.

POTAGES HOLLANDAIS, ESPAGNOLS, ETC. 241

— Passez le potage à l'étamine. — Mettez les poulets dans la soupière, versez le potage dessus et servez le riz à part.

On ajoute aussi à ce potage des petits pois cuits à l'eau de sel et de la pomme de reinette coupée en petits dés et passée au beurre.

POTAGE PILAU AU CHAPON

Mettez dans une marmite 3 collets de mouton. — Mouillez avec grand bouillon (p. 29), faites bouillir et écumez. — Ajoutez 2 oignons dont un piqué de 2 clous de girofle, 2 carottes, un bouquet de persil garni de thym et de laurier, 2 prises de mignonnette, une demi-muscade, une pointe de Cayenne et 1 chapon préparé et retroussé. — Faites cuire. — Quand le chapon est cuit, découpez l'estomac en trois, les 2 filets en deux et le gros des cuisses en deux morceaux : les pilons et les carcasses ne se servent pas. — Mettez les différents morceaux au bain-marie.

Faites crever 300 grammes de riz comme pour le potage américain au kari (p. 240). — Quand le riz est crevé, ajoutez une petite cuillerée à bouche de safran et mêlez bien. — Mettez le chapon dans la soupière, versez dessus la cuisson que vous aurez passée à la serviette et servez le riz à part.

POTAGE PILAU AU MOUTON

Préparez un consommé de mouton comme le précédent, en y joignant 2 poitrines de mouton. — Lorsque les poitrines sont cuites, coupez-les en morceaux de 3 centimètres carrés. — Finissez comme le pilau au chapon.

On fait aussi ce potage aux huîtres et autres coquillages.

APPENDICE

SAUCES POUR POTAGES

ESPAGNOLE

Les quantités indiquées dans cette recette donnent 4 litres d'espagnole. Cette sauce peut se conserver trois et quatre jours sans se dénaturer.

Ayez 3 kilogr. de rouelle de veau désossée et 1 kilogr. de tranche de bœuf. — Beurrez une casserole et mettez dans le fond 3 oignons coupés en lames, puis posez les viandes dessus. — Mouillez avec 1 demi-litre de grand bouillon (p. 29) et faites partir à feu vif. — Lorsque le mouillement est à moitié réduit, couvrez le feu pour qu'il se produise un mijotement continu qui fasse glacer les viandes d'une belle couleur rouge ; vous aurez soin de les retourner, afin qu'elles prennent couleur sur tous les sens.

Lorsque les viandes sont tombées sur glace, retirez du feu et laissez la casserole couverte cinq minutes avant de mouiller. — Ajoutez 6 litres de grand bouillon, faites bouillir, écumez, puis mettez un bouquet garni, 2 carottes, 10 grammes de sel, 3 grammes de mignonnette et 5 grammes de sucre. — Au premier bouillon, placez sur le coin du fourneau jusqu'à entière cuisson des viandes. — Lorsqu'elles sont bien cuites, égouttez-les sur un plat et saupoudrez-les de sel.

Passez ensuite la cuisson à la serviette, puis faites un roux avec 400 grammes de beurre clarifié et 400 grammes de farine. — Lorsque le roux est cuit, mouillez-le avec la sauce. — Tournez sur le feu avec la cuiller de bois et, au premier bouillon, mettez sur le coin du fourneau. — Couvrez la casserole aux trois quarts, puis faites mijoter pendant deux heures. — Écumez, dégraissez deux fois pendant l'opération. — Au bout de deux heures, écumez et dégraissez une dernière fois. — Passez à l'étamine et réservez pour l'emploi.

VELOUTÉ

Ayez 3 kilogr. de sous-noix de veau et 2 poules dont vous aurez retiré les filets. — Beurrez une casserole, dans laquelle vous mettez 2 oignons et les viandes dessus. — Ajoutez 1 demi-litre de grand bouillon (p. 29). — Faites suer à feu doux, en évitant que les viandes se colorent. — Mouillez avec 7 litres de grand bouillon. — Faites bouillir, écumez, puis ajoutez 5 grammes de sel, 3 grammes de mignonnette, 3 grammes de sucre, un bouquet garni et 2 carottes moyennes. — Laissez sur le feu jusqu'à entière cuisson des viandes. — Retirez les viandes sur un plat et saupoudrez-les de sel. — Passez la cuisson à la serviette et dégraissez entièrement.

Faites un roux blanc avec 400 grammes de farine et 400 grammes de beurre clarifié. — Mouillez avec la cuisson des viandes et tournez jusqu'à ébullition. — Au premier bouillon, mettez sur le coin du fourneau. — Laissez mijoter pendant deux heures. — Dégraissez deux fois pendant l'opération et une dernière fois avant de passer le velouté à l'étamine. Réservez pour servir.

ALLEMANDE

Préparez 2 décilitres de consommé de volaille (p. 27), 1 décilitre d'essence de champignons et 1 litre de velouté. — Faites réduire jusqu'à ce que la sauce masque la cuiller. — Liez avec 4 jaunes d'œufs et 15 grammes de beurre. — Passez à l'étamine dans le bain-marie. — Couvrez d'une cuillerée à bouche de consommé de volaille, pour éviter qu'une peau se forme à la surface.

BÉCHAMEL

Coupez une sous-noix ou une semelle de veau en carrés de 5 centimètres. — Mettez ces morceaux dans une casserole avec 300 grammes de beurre, 2 oignons moyens coupés en lames et 2 carottes moyennes. — Faites revenir à blanc pendant dix minutes, puis ajoutez 150 grammes de farine et tournez cinq minutes sur le feu. — Mouillez avec 3 litres de grand bouillon (p. 29) et 1 litre de crème double. — Ajoutez 100 grammes de champignons émincés, un bouquet garni, 10 grammes de sel et 5 grammes de mignonnette. — Tournez sur le feu jusqu'au premier bouillon et mettez sur le coin du fourneau. — Laissez mijoter une heure et demie en écumant et en dégraissant. — Passez à l'étamine.

Mettez dans une grande casserole à glacer la béchamel, que vous faites réduire avec 2 décilitres de crème par litre de béchamel. — Lorsque la sauce réduite masque la cuiller, passez de nouveau à l'étamine. — Agitez avec la cuiller jusqu'à ce qu'elle soit bien refroidie, pour éviter qu'elle forme peau dessus, auquel cas on serait obligé de la repasser.

TERMES DE CUISINE

Appareil. — Ensemble des ingrédients qui entrent dans la composition d'un potage ou d'un mets quelconque.

Bardes. — Tranches minces de lard qu'on attache sous le ventre du gibier ou de la volaille avant de les mettre à la broche.

Blanchir. — Mettre dans l'eau bouillante certains légumes pour en retirer l'âcreté. On blanchit aussi les têtes et pieds de veau, afin de les rendre plus flexibles et plus faciles à parer.

Clarifier. — Opération qui a pour but de rendre limpides les gelées, les jus, les consommés et le beurre. Les gelées se clarifient à l'œuf ; les jus et les consommés à la viande ; le beurre en le mettant à feu doux : on le passe à la serviette pour s'en servir dans les opérations si nombreuses où l'on emploie le *beurre clarifié*.

Cuisson. — Liquide résultant de la cuisson des viandes ou des légumes.

Escalopes. — Petites tranches minces, rondes ou ovales, de viande ou de chair de poisson.

Étamine. — Étoffe de laine ou de soie qui sert à passer les sauces ou les purées.

Foncer. — Garnir le fond d'une casserole de tranches de veau ou de jambon, de bardes de lard ou de rouelles d'oignons.

Frémir. — Le frémissement est la petite agitation qui se produit à la surface d'un liquide au moment où il va bouillir.

Glacer. — Passer au pinceau, avec le jus de viande consistant appelé *glace*, les viandes piquées, rôties, les sautés, les croûtons, etc. *Faire tomber sur glace*, c'est faire réduire un mouillement quelconque en couvrant le feu au fur et à mesure que la réduction a lieu.

Liaison. — Jus liés au moyen de jaunes d'œufs, de farine, de beurre ou de sang.

Marquer. — Préparer et ranger dans une casserole les viandes qu'on veut faire cuire.

Mouiller. — Mettre dans la casserole le liquide nécessaire pour la cuisson. — Le *mouillement* est le liquide qui sert à opérer la cuisson.

Pocher. — Faire tomber dans l'eau bouillante des œufs ou des quenelles pour les faire cuire.

Rafraîchir. — Mettre dans l'eau froide les légumes et les viandes après les avoir fait blanchir : on rafraîchit les légumes pour les empêcher de prendre une teinte jaunâtre, et les viandes pour les nettoyer et enlever les restes d'écume.

Revenir. — Faire passer les morceaux de viande dans le beurre pour leur faire prendre couleur.

Salpicon. — Mélange de viande ou de poisson, avec truffes, champignons, langue à l'écarlate, le tout coupé en petits dés.

Tourner. — Donner avec le couteau la forme de poire, de boule ou de bouchon aux légumes et fruits.

TABLE ALPHABÉTIQUE

Allemande (sauce)........	245
Américain au kari........	240
Bagration...............	200
Barakine...............	40
Barch..................	197
Barch garni de gelinottes..	199
Beaufort...............	142
Béchamel (sauce)........	245
Bisque de crevettes.......	186
— de crevettes aux quenelles de merlan..	187
— d'écrevisses.........	181
— d'écrevisses claire..	184
— d'écrevisses à la crème............	183
— d'écrevisses aux laitances de carpe...	184
— d'écrevisses aux quenelles de merlan.	182
— de homard........	185
— de homard au riz..	186
— à la Périgord......	183
Blond de veau...........	28
Bœuf aux pommes de terre (soupe de)............	12
Bouillabaisse marseillaise..	177
— normande....	178
Bouillie...............	23
Brunoise grasse..........	44
— maigre.........	156
Buckingham............	213
Canards à la russe........	190
Caramel (préparation du)..	7
Céleri à la royale.........	48
Châtaignes au porc salé...	14
Choucroute à l'allemande..	229
— à la russe.....	196
Colbert...............	47
Colimaçons (potage de).....	177
Choux aigre-doux.........	230
— farcis..........	49, 50
— au lard..........	7
— au mouton........	8
— à l'oie...........	9
— paysanne à la russe.	191
— au petit salé et au saucisson........	10
— verts............	22
Consommé...............	26
— au bain-marie...	27
— estouffade pour les potages italiens	215
— de gibier.......	28
— aux œufs pochés.	43
— simple au pain grillé.........	43

Consommé de poisson.....	165
— de racines......	155
— de santé.......	113
— de volaille......	27
Crêpes à la viennoise.....	231
Croûte au pot............	105
Croûtes gratinées au chasseur...........	108
— à la Clermont....	110
— aux concombres..	109
— aux concombres farcis.........	111
— aux laitues farcies	108
— aux marrons.....	111
— aux petits pois....	110
— aux pointes de grosses asperges	109
— aux quenelles de volaille........	107
— à la régence.....	107
Cuisine (termes de).......	246
Écrevisses à la crème glacée	195
— à la hollandaise.	237
Empotage...............	25
Éperlans à la russe........	200
Escalopes d'anguille......	175
— d'anguille au fenouil........	175
— de bartavelles...	36
— de bécasses.....	34
— de bécassines...	36
— de becfigues....	36
— d'esturgeon.....	172
— d'esturgeon au beurre d'anchois	173
— de faisans......	33
— de grives.......	34
— de levraut......	211
— de mauviettes...	36
— d'ortolans.......	37
Escalopes de perdreaux....	35
— de poulardes....	37
— de saumon à la bourguignote..	171
— de saumon au consommé....	172
— de sterlet glacé.	194
— de truites......	174
— de truites à la bourguignote..	174
Espagnole (sauce).........	243
Esturgeon à la Pierre le Grand..............	193
Farce de volaille pour potages	40
Fèves au collet de mouton.	13
Filet de sole au safran.....	178
Fromage et à la bière (soupe au)..................	214
Garbure de choux au fromage.........	58
— de choux-fleurs au fromage.......	60
— aux laitues......	59
— d'oignons au fromage.........	61
— au potiron......	60
— à la Villeroy.....	59
Grand bouillon...........	29
Grimod de la Reynière....	52
Haricots blancs au jambon.	11
— rouges au lard....	10
Hollandais..............	237
Hochepot..............	208
Hongrois à l'orge perlée...	233
Huîtres d'Ostende........	176
Julienne au consommé....	43
— de gibier.......	51
— maigre.........	156
— aux œufs pochés..	44

TABLE ALPHABÉTIQUE

Julienne à la royale....... 44	Niocci au consommé...... 55
Laitances de carpe aux petits pois...... 171	Nivernais.............. 50
	Nouilles au consommé..... 31
— de carpe aux pointes d'asperges. 171	— au consommé de racines........ 163
— de hareng à la hollandaise... 236	Œufs de vanneau........ 54
	Oie (abatis d') ou gibelette. 207
Laitues farcies........... 48	Oignon (soupe à l')....... 17
Lapin au chasseur........ 13	Oignons au bouillon...... 18
Lazagnes au consommé de racines....... 163	— au lait........... 18
	Oille à l'espagnole........ 238
— à l'italienne...... 222	Orge perlée aux pointes d'asperges...... 123
Légumes (soupe aux)...... 17	— aux carottes........ 124
— au lard.......... 8	— au céleri........... 124
Lentilles à la tête de porc. 11	— à la pluche de cerfeuil 124
Levraut à l'anglaise....... 210	— à la crème......... 122
Macaroni à la bolonaise... 217	— au beurre d'écrevisses 123
— au consommé.... 32	— hambourgeois........ 234
— au consommé de racines........ 163	— aux haricots verts... 125
	— à l'irlandaise........ 210
— à la Corinne..... 218	— à la purée d'oseille.. 122
— aux écrevisses et aux laitances de carpe.......... 220	— aux petits pois...... 123
	— à la julienne de poularde.......... 125
— à la Médicis..... 221	— à la royale......... 125
— milanais........ 218	— à la viennoise....... 233
— à la napolitaine.. 221	Ortie blanche au lait...... 22
— à la Numa...... 216	Oseille (soupe à l')....... 18
— aux quenelles et julienne de volaille.......... 215	— liée............. 127
	Ouka................. 189
— à la Saint-Janvier 217	Pain à l'allemande........ 230
Maïs (soupe au).......... 24	Panade à l'eau........... 127
Marie-Antoinette.......... 126	Pâtes d'Italie au consommé 31
Monglas................ 39	— au consommé de racines. 163
Moules (potage aux)...... 176	
Mouton écossais.......... 209	Paysanne.............. 46
— aux navets....... 10	Pilau au chapon.......... 241
Navets à la Châtre....... 51	— au mouton......... 242
Nids d'hirondelles 53	Poireaux au lait.......... 19

Poireaux au macaroni	56
— aux pommes de terre	19
Pois au cumin à l'allemande	229
Poisson lady Morgan	212
Pot-au-feu	5
Potiron au lait	20
Pourpier et oseille	23
Printanier	45, 157
— aux croûtes gratinées	106
— aux quenelles de carpe	169
Profiterolles au chasseur	150
— à la Condé	152
— à la Monglas	150
— à la Montgolfier	151
— à la Périgord	151
— à la Reggio	149
— (observations sur les)	153

PURÉE DE GIBIER (POTAGES A LA).

Purée de bartavelles aux truffes	137
— de bartavelles au riz	138
— de bécasses aux croûtons	130
— de bécassines aux croûtons	131
— de bécassines au riz	131
— de becfigues aux croûtons	137
— de becfigues au riz	137
— de cailles aux croûtons	141
— de cailles garnie de macaroni	142
— de faisans aux croûtons	129
Purée de faisans au riz	129
— de gelinottes garnie d'un salpicon de navets	139
— de gelinottes aux croûtons	140
— de grives garnie de céleri	136
— de grives garnie de céleri à la française	136
— de jambon aux croûtons	144
— de jambon au macaroni	145
— de jambon aux petits pois	145
— de jambon à la crème de truffes	145
— de jambon garnie d'une crème au consommé et au madère	145
— de lapereaux aux croûtons	140
— de lapereaux au riz	141
— de lapereaux garnie de lentilles à la reine	141
— de mauviettes aux croûtons	132
— de mauviettes garnie de quenelles	133
— de mauviettes garnie d'une julienne de racines de persil	134
— d'ortolans aux croûtons	134
— d'ortolans garnie d'une crème aux truffes	135

TABLE ALPHABÉTIQUE

Purée de perdreaux aux pâtes d'Italie.......... 131
— de perdreaux garnie de crème aux truffes............. 132
— de perdreaux aux croûtons......... 132
— de pluviers garnie de racines de persil. 139
— de vanneaux garnie de racines de persil............. 138
— de vanneaux au riz. 139
— de volaille au lait d'amandes....... 144
— de volaille aux petits pois, aux pointes d'asperges, aux croûtons........ 143
— de volaille au riz... 143
— (observations sur les) 146

PURÉE DE LÉGUMES (POTAGES A LA).

Purée d'artichauts aux croûtons............... 75
— d'artichauts à la Faubonne........... 76
— d'artichauts garnie de carottes...... 76
— d'artichauts aux petits pois......... 76
— d'asperges aux croûtons et aux pointes d'asperges....... 84
— d'asperges à la Faubonne........... 86
— d'asperges garnie de crème de volaille. 85
— d'asperges garnie de julienne de céleri. 86

Purée d'asperges au riz..... 85
— de cardes de poirée. 62
— de cardons à la Faubonne............ 73
— de cardons garnie de cardons......... 71
— de cardons aux petits pois......... 72
— de cardons aux pointes d'asperges et aux carottes...... 72
— de carottes......... 22
— de carottes aux croûtons............ 81
— de carottes à la Faubonne........... 81
— de carottes aux pâtes d'Italie......... 82
— de céleri aux croûtons............. 96
— de céleri à la Faubonne........... 96
— de céleri garnie d'une julienne de carottes. 96
— de céleri-rave au riz 95
— de champignons aux croûtons........ 92
— de champignons au riz 91
— de chicorée aux croûtons............ 98
— de chicorée aux haricots verts...... 99
— de chicorée aux petits pois......... 98
— de chicorée au riz.. 98
— de chicorée à la Talleyrand.......... 97
— de concombres aux carottes nouvelles 94

Purée de concombres garnie de céleri	92
— de concombres garnie de haricots verts	93
— de concombres aux petits pois	93
— de fèves de marais à la chiffonnade	104
— de fèves de marais aux croûtons	104
— de fèves à la Faubonne	104
— de fèves de marais au riz	103
— de haricots blancs aux croûtons	65
— de haricots blancs garnie de carottes	65
— de haricots blancs aux pointes d'asperges	64
— de haricots blancs aux petits pois	65
— de haricots blancs au riz	64
— de haricots rouges aux croûtons	64
— de haricots rouges aux pâtes d'Italie	64
— de haricots rouges au riz	63
— d'herbes aux croûtons	99
— d'herbes garnie de crème au consommé	100
— d'herbes aux pâtes d'Italie	100
— d'herbes au riz	101
Purée de lentilles aux croûtons	67
— de lentilles à la reine aux pâtes d'Italie	68
— de lentilles à la reine, à la pluche de cerfeuil et aux croûtons	68
— de lentilles au riz	67
— de marrons aux croûtons	101
— de marrons à la Faubonne	102
— de marrons à la lyonnaise	102
— de marrons au macaroni	102
— de marrons aux œufs pochés	103
— de navets	21
— de navets aux pointes d'asperges	83
— de navets aux croûtons	82
— de navets à la Faubonne	83
— de navets à la nivernaise	84
— de navets aux petits pois	83
— de navets au riz	83
— d'oignons blancs aux pointes d'asperges	70
— d'oignons blancs au riz	69
— d'oignons bruns garnie de céleri-rave	71
— d'oignons bruns au macaroni	70

TABLE ALPHABÉTIQUE

Purée de poireaux à la crème de volaille....	88
— de poireaux aux pointes de grosses asperges..........	87
— de poireaux aux croûtons.............	86
— de poireaux garnie de petites carottes...	88
— de poireaux à la Faubonne...........	89
— de poireaux aux petits pois garnie d'une pluche de cerfeuil.........	88
— de poireaux au riz..	87
— de pois secs........	21
— de pois secs aux croûtons.	77
— de pois secs à la Faubonne...........	78
— de pois secs au riz..	77
— de pois secs à la vertpré..........	78
— de pois verts garnie de céleri-rave....	80
— de pois verts à la chiffonnade......	79
— de pois verts garnie de petits pois....	79
— de pois verts au riz.	78
— de pommes de terre à la chiffonnade..	67
— de pommes de terre aux haricots verts	65
— de pommes de terre garnie d'une nivernaise............	66
— de pommes de terre aux petits pois...	66
Purée de potiron aux croûtons.	94
— de potiron au riz..	95
— de tomates aux œufs frits............	74
— de tomates aux œufs pochés.	73
— de tomates garnie de nouilles......	75
— de tomates au riz..	74
— de topinambours aux croûtons........	68
— de topinambours à la pluche de fenouil.	69
— de topinambours au riz.............	69
— de truffes garnie de quenelles de foie gras.	89
— de truffes garnie de crème au consommé et au madère.	90
— de truffes au macaroni............	90
— maigres (observations sur les).....	164
Quenèfes (potage aux)....	232
— au parmesan.....	232
— aux petits pois...	232
Quenelles de brochet à la brunoise.........	168
— de brochet au consommé	168
— de carpe..........	169
— de congre au beurre d'anchois........	170
— de congre au consommé..........	170
— de faisan au consommé...... ...	42

Quenelles de grenouille au consommé	167	Romaines (potage aux)		52
		Rossini		219
— de grenouille garnies de céleri	168	Sagou aux pointes d'asperges		160
— de merlan au consommé	166	— au bouillon		16
		— à la chiffonnade		160
— de merlan aux racines de persil	167	— au consommé		30
		— au consommé de racines		160
— de saumon au céleri	170			
— de saumon au consommé	169	— garni de navets		160
		Salep au consommé		31
— de volaille au consommé	41	— garni d'une julienne		158
		— garni d'une julienne de céleri		158
— à la vénitienne	225			
Queue de bœuf aux carottes	12	— garni de petits pois		157
Ravioles à la française	54	Santé à la d'Aumale (potage de)		116
— à l'italienne	223			
Riz au bouillon	15	— au chasseur		115
— à la brunoise	159	— au pain de volaille		114
— au consommé	29	— aux petits pois et aux pointes d'asperges		116
— au consommé de racines	158			
— à l'espagnole	239	— aux quenelles de volaille		115
— à l'italienne	227			
— à la nivernaise	159	— aux grosses racines		114
— à la piémontaise	224	— garni de petites timbales au consommé		116
— à la vertpré	158			
— (crème de) aux pointes d'asperges	118	Sarrasin et au cumin (soupe au)		235
— au chasseur	119	Seigle vert à l'allemande		228
— à la chiffonnade	121	Semoule au bouillon		16
— aux écrevisses	120	— au consommé		30
— à la française	118	— au consommé de racines		159
— à la macédoine de légumes	117	— à la napolitaine		224
— aux navets à la Châtre	121	Sicilien au riz		226
— à la nivernaise	119	Tapioca au bouillon		15
— aux petits pois	121	— à la brunoise		161
— à la reine	117	— au consommé		31
Rocambole génois	226	— au consommé de racines		161
Rognons de veau à la russe	193			

TABLE ALPHABÉTIQUE

Tapioca aux haricots verts.	161
Tenue de la cuisine.......	2
Tortue (potage)...... 202,	240
— (fausse).	206
— à la Douglas.......	207
Trois crèmes.............	56
Trois racines........... .	55
Truffes et écrevisses à la russe.............	198
Tschy, potage de choux à la russe.........	191
— à la czarine.......	192
Velouté (sauce)...........	214
Vénitien aux œufs pochés.	227
Vermicelle au pointes d'asperges.......	162
— au bouillon....	15
— au céleri......	162
— au consommé..	29
— au consommé de racines.	161
— à l'oseille......	162
Vertpré.................	47

FIN DE LA TABLE ALPHABÉTIQUE

TABLE DES CHAPITRES

LIVRE PREMIER

POTAGES GRAS

Introduction...	1
Chapitre I. — Soupes grasses................................	5
— II. — Potages gras simples.......................	15
— III. — Potages simples aux légumes.............	17
— IV. — Potages au consommé......................	25
— V. — Potages aux escalopes......................	33
— VI. — Potages aux quenelles.....................	39
— VII. — Potages composés au consommé.........	43
— VIII. — Garbures.....................................	58
— IX. — Potages à la purée de légumes............	62
— X. — Potages aux croûtes........................	105
— XI. — Potages de santé............................	113
— XII. — Potages à la purée de gibier..............	129
— XIII. — Potages aux profiterolles..................	149

LIVRE II

POTAGES MAIGRES

Chapitre I. — Potages maigres aux racines.................	155
— II. — Potages maigres de poisson................	165
— III. — Bisques.......................................	180

LIVRE III

POTAGES ÉTRANGERS

Chapitre I. — Potages russes.................................	
— II. — Potages anglais..............................	

TABLE DES CHAPITRES

Chapitre III. — Potages italiens...................... 215
— IV. — Potages allemands..................... 228
— V. — Potages hollandais, espagnols, américains et turcs............................. 236
Appendice.. 243
Table alphabétique............................... 249

FIN DE LA TABLE DES CHAPITRES

PARIS. — IMPRIMERIE DE E. MARTINET, RUE MIGNON, 2

Librairie HACHETTE et Cie, boulevard Saint-Germain, 79, à Paris

OUVRAGES DU MÊME AUTEUR

Le **Livre de Cuisine**, comprenant la cuisine de ménage et la grande cuisine; 3e édition. 1 magnifique volume, avec 25 planches imprimées en chromolithographie et 161 vignettes dessinées d'après nature par E. Ronjat.................................... 25 fr.
    Cartonné en percaline...................... 27 fr. 25

Le **même ouvrage**, avec quatre planches imprimées en chromolithographie, 21 en noir et 182 vignettes sur bois........ 15 fr.
    Cartonné en percaline...................... 17 fr. 25

Le **Livre des Conserves**. 1 vol. avec 34 vignettes intercalées dans le texte... 10 fr.

Le **Livre de Pâtisserie**. 1 magnifique vol. avec 10 planches en chromolithographie et 120 vignettes dessinées d'après nature par E. Ronjat. Broché............................... 20 fr.
    Cartonné en percaline...................... 27 fr. 25

PARIS. — IMPRIMERIE DE E. MARTINET, RUE MIGNON, 2

www.ingramcontent.com/pod-product-compliance
Lightning Source LLC
Chambersburg PA
CBHW050332170426
43200CB00009BA/1566